KB196822

단순해지는 연습

단순해지는 연습

펴 낸 날 2024년 11월 20일 초판 1쇄

지 은 이 임태환
펴 낸 이 박지민, 박종천
편   집 김정웅, 민영신
책임편집 윤서주
디 자 인 롬디
책임미술 웨스트윤
마 케 팅 이경미, 박지환

펴 낸 곳 모모북스
         경기도 파주시 지목로89~37(신촌로 88~2)3동1층
         전화 010-5297-8303 팩스 02-6013-8303
         등록번호 2019년 03월 21일 제2019-000010호
         e-mail pj1419@naver.com

ⓒ 임태환, 2024
ISBN 979-11-90408-64-6

생각이 많아도 너무 많은 당신에게

단순 해지는 연습

임태환 지음

차례

chapter 1

왜 우리는 복잡하게 사는 걸까?

단순함의 쾌락

Chapter 3

단순함의 6가지 법칙

Chapter 4

응용 편 – 단순함이 되는 기술 4단계

Chapter 5

생활 편 – 단순함을 실현하는 생활 TIP

chapter 6

고수 편 – 단순함은 고도의 복잡함이다

당신의 인생은 가성비가 좋나요?

남매의 방은 카오스다. 단 1분이라도 남매 방에 들어가 본 사람이 있다면 이 말을 이해할 것이다. 특히 사춘기 누나, 남동생의 방이다? 두말하면 혓바닥만 아프다. 나는 그 사실을 뼈저리게 잘 알고 있다. 내가 바로 그 남동생이기 때문이다.

나에게는 3살 터울의 누나가 있다. 나는 6살까지 단칸방에서 자랐고 7살이 되는 해 2칸짜리 방으로 이사했다. 그 말은 즉, 부모님과 우리 남매는 떨어졌지만 누나와 나는 한방에서 생활해야 했다는 뜻이다. 처음 2~3년은 괜찮았다. 나는 어렸고 누나도 겨우 초등학교 저학년이었다. 시간이 지나고 누나가 사춘기에 들어설 무렵, 우리의 방은 그 당시 최고의 아이돌이었던 H.O.T 브로마이드가 벽에 걸리고 H.O.T의 털모자와 털장갑이 방 한편에 자리하게 됐다. 누나는 그 방에서 H.O.T가 「행복」을 부를 때 입었다는 체크무늬 남방을 뽐내고 있었다.

1년도 지나지 않아 누나의 팬심은 변했다. H.O.T에서 젝스키스로 갈아타게 된 것이다. 그리고 우리 방은 이제 젝스키스의 차지가 되었다. 누나에게 왜 이제는 젝스키스냐고 묻자 누나는 "꿈에 젝스키스가 나왔거든"이라는 선무당 작두 타는 소리만 하고 나에게는 자세히 알려주지 않았다. 3살 위의 누나는 남동생에게 취향의 변심 이유를 시시콜콜하게 설명하는 것이 부질없다고 생각한 것인지도 모른다.

우리의 방은 2.5평 남짓했다. 거기에 누나 책상과 내 책상 그리고 그 당시 최고였던 586 펜티엄 컴퓨터까지 꽉꽉 들어찼다. 펜티엄은 내가 친구 집에서 보고 신세계를 경험한 후, 엄마를 조르고 졸라 쟁취한 제품이었다. 나에게도 내가 원하는 것이 무엇인지 표현할 수 있는 자아가 생긴 후, 누나와의 충돌은 잦아졌다. 누나는 팬심 가득한 공간으로 방을 만들길 원했고 나는 나만의 놀이터로 만들고 싶어 했다. 나는 컴퓨터 아저씨가 PC에 깔아준 '레인맨'의 미션을 클리어하기 위해 밤늦게까지 게임을 했고 누나는 '왜 하늘은'을 부르던 이지훈의 영 스트리트 라디오를 듣고자 했다. 방에서 누나와 나 사이에 충돌이 잦아질수록 그곳이 남매의 방인지 옥타곤인지 구분할 수 없었다. 심지어 놀러 왔던 내 친구는 서로의 머리를 쥐어 잡고 강제 헤드뱅잉을 시켜주던 누나와 나 결투 사이에서 어쩔 줄 몰라 하며 컴퓨터 게임을 하고는 했다.

그러던 중, 우리는 드디어 휴전했다. 내가 12살, 누나가 15살이 되던 해에 우리는 방 3칸짜리로 이사했기 때문이다. 마치 미군과 소련이 남과 북으로 갈라놓듯이 엄마와 아빠는 우리를 각자의 방으로 분리 조치했다. 우리가 이사한 곳은 70년대에 지어진 4층짜리 구식 맨션아파트였다. 엘리베이터도 없었지만 괜찮았다. 내 방이 생겼기 때문이다.

각자의 방이 생기자 이제 방들은 자신의 정체성을 뽐내기 시작했다. 누나의 방은 젝스키스의 방이 되었고 내 방은 스타크래프트 BGM이 들리는 피시방이 되었다. 나는 누나가 젝스키스를 좋아하던 H.O.T를 좋아하던 이제 내 알 바가 아니었다. 누나도 내가 내 방에서 무엇을 하든 신경 쓰지 않았다.

시간이 더 흐르고 내가 15살 사춘기가 되고 누나는 18살 사춘기의 끝 무렵이 될 즈음 각자의 방은 이상하지만 고요해졌다. 나는 록 음악에 빠져서 친구들과 밴드 연습을 하면서 외부 활동이 잦아졌고 내 방은 그저 잠만 자는 공간으로 변했다. 젝스키스를 향한 누나의 팬심은 대입 준비를 하면서 더 이상 요란하지 않았다.

그리고 지금의 내 삶은 조금 더 간소해졌다. 그건 누나도 마찬가지였다. 누나는 결혼하고 아이가 생기면서 생활용품 양이 많아졌지만 기본적으로 옷장 한 칸에만 자기 옷이 들어갈 정도로 단순한 생활 스타일로 바뀌었다. 이 과정에서 내가 깨달은 것이 있다. 단순함은 복잡함 위에서 기능한다는 것이다.

많은 사람이 단순함을 추구한다. 하지만 그것을 어려워한다. 단지 물건 절반을 눈 딱 감고 아무거나 내다 버리면 단순해지는가? 단순함은 걷어내고 버린다고 되지 않는다. 우리의 삶이 힘든 이유는 하지 말아야 할 것을 하고 해야 할 것을 하지 않고, 버려야 할 것을 갖고 있고 가지고 있어야 할 것을 버리기 때문이다. 그리고 그 선택의 안목을 기르는 것이 어렵다.

요즘 서점에 가 보면 모든 책이 말한다. 그냥 아무것도 하지 말라고. "하지 않아도 된다", "너의 삶을 즐겨라", "넌 그저 존재만으로 축복이다" 등등 많은 메시지가 난무한다. 나는 이 말이 딱히 틀렸다고 생각하지 않는다. 하지만 맞다고 생각하지도 않는다. 한국을 벗어나 세계를 누비며 여행하라고 쿡쿡 쑤시던 책들도 있지만 그렇게 세계여행을 떠나고 난 후의 삶에 대해서는 아무도 말하지 않는다. 자유롭게 살라고 외치던 사람들이 다시 조그마한 어느 직장에 들어가 하루살이처럼 밥벌이하고 있을지 알 턱이 없다. 또, 아무것도 하지 말라던 책의 작가는 그 원고를 쓰기 위해 얼마나 많은 것을 했을지 생각하면 눈물이 커튼처럼 앞을 가린다.

돛단배는 선체 위에 세운 돛에 바람을 받게 하여 움직인다. 만약 당신이 아무것도 하지 않아도 괜찮다는 메시지를 오독하여 '그래, 드러눕고 있어도 괜찮아~ 배는 파도를 따라 알아서 움직일 거야'라고 생각한다면 태평양 한가운데서 변사체로 발견되기 좋다. 여기서 우리가 해야 할 것은 배가 편안하게 움직이도록 바람에 맞게 돛의 방향을 잡는 것이다. 그리고 우리가 주의해야 할 것은 바람과 반대되는 방향으로 돛을 잡지 않기다.

우리 삶이 힘들다고 느끼는 건 무언가를 열심히 해서가 아니다. 더 정확히 말하면, 열심히 무언가를 한 만큼 결과가 없기 때문이다. 10의 에너지를 쓰면 적어도 10의 결과가 나와야 하는데 5의 결과만 나와서 힘들다. 만약 10의 에너지를 써서 15의 결과가 나온다면 그것은 더 이상 힘듦이 아니다.

사람들이 아무것도 하지 말라는 메시지를 쉽게 오독하는 이유는 여기에 있다. 에너지의 효율이 잘못된 것인데 에너지를 썼다는 사실 자체가 문제라고 생각한다. 그래서 그들이 선택하는 방법은 거칠게 단순하다. '에너지를 쓰지 말자'이다. 그래서 그들은 에너지의 효율을 생각하기보다 그냥 에너지를 쓰지 않는 극단적인 방향으로 틀어버린다. 마치 돛단배 위에서 돛도 올리지 않고 드러누운 선장처럼 말이다.

이 책은 트렌디한 미니멀 라이프 방법론을 전달하지 않는다. 단순함이 주는 효율성과 집중을 통해서 내 삶을 어떻게 개선할 수 있을지가 방점이다. 스타일만을 쫓지 않고 그를 통한 개인의 성장론, 앞으로 만날 이 책의 내용이다.

chapter 1

왜 우리는
복잡하게 사는 걸까?

"인생의 의미는 그게 다예요.

내가 산 물건을 어디다 놓을지 찾느라 애쓰는 것"

미국 스탠드 업 코미디언 -조지 칼린-

깊이와 복잡함은 한 끗 차이다. 누군가는 복잡함을 깊이라고 착각하기도 한다. 복잡함과 깊이의 차이는 뭘까? 깊이 있는 생각은 점점 생각이 좁아지면서 역삼각형 모양처럼 끝 지점이 뾰족해진다. 반면, 복잡함은 깊이 아래로 뾰족한 지점을 만들지 못하고 표면에 머물면서 넓이만 점점 커질 뿐이다. 우리가 왜 복잡해질 수밖에 없는지 안다면, 우리는 조금 더 깊이 있는 단순함을 만들 수 있다.

딥 심플리시티(Deep Simplicity), 단순함이 작동하는 원리

단순함과 복잡함은 공생 관계다. 사람들 앞에서는 "복잡함, 넌 나쁜 놈이야"라고 말하지만 무대 뒤에서는 "오늘도 수고했다"고 등 토닥여 주는 관계다. 본질에 집중한 아이폰은 단순하지만 아이폰과 얽혀 있는 네트워크와 생태계는 상상을 초월한 복잡함이다. 아이폰이 주목받을 수 있는 이유는 그 복잡한 네트워크를 아이폰 하나면 단순하게 사용할 수 있기 때문이다. 단순함이 주목받기 위해서는 복잡함이 따라와야 한다. 단순함은 복잡함 속에서 기능한다. 단순함은 거기서 나온다.

당신과 내가 사는 이 세상은 복잡하다. 분명히 오늘 낮에 구름한 점 없다고 했지만 내가 나가자마자 하늘이 토하듯이 비를 쏟아낸다. 거기까지는 이해한다. 어제까지 오르던 주식은 오늘 아침에 지하 암반수를 뚫을 정도로 곤두박질치고, 영혼까지 끌어 산 25평 아파트는 더 이상의 반등은커녕 우리 단지 내 최고가를 갱신해 준 호구가 되어 떨어지기만 한다. 급상승과 폭락이 자진모리 장단에 맞춰 움직여 준다면 어정쩡하게나마 장단에 맞춰 춤이라도 추겠지만 이 세상은 럭비공처럼 어디로 튈지 예상할 수 없이 복잡하다. 이 상황까지 오면 세상이 영화 <트루먼 쇼>처럼 나 모르게 몰래카메라를 찍고 있는 게 아닌가 생각 들 정도다.

하지만, 갈릴레오 이후부터 과학은 이러한 세상의 복잡성을 이미 무시했다. 그들이 왜 위대한 과학자로 역사에 이름을 남기고 나는 왜 주가지수나 눈알 빠지게 보는 범인으로 사는지 알 수 있는 행보이다. 그들은 왜 해가 동쪽에서 뜨고 서쪽에서 지는지, 사과는 왜 땅을 향해 떨어지는지 등 단순한 문제에 답을 하면서 점차 과학을 발전시켰다. 과학자들은 이 세상의 복잡성 속에 단순함이 있다는 것을 직관적으로 간파했기 때문이다.

우리는 과학에서 말하는 복잡계(complex system)를 들으면 복잡을 어렵고 난해함이라고 해석한다. 하지만 과학에서는 '복잡계란 사실 상호 작용을 하는 몇 개의 단순한 구성 요소로 이루어진 계이다'[1]라고 말한다. 갈릴레오와 뉴턴 이후부터 과학은 복잡계를 단순한 구성 요소로 분해하고 이것들의 행동 법칙을 연구해서 성과를 얻었다. 마치 이산화탄소 분자는 탄소 원자 한 개와 산소 원자 두 개가 결합한 구성물로 보는 것처럼 말이다. 우리는 이산화탄소가 탄소와 산소의 상호 작용으로 만들어졌다고 했을 때 더 쉽게 이해할 수 있다. 이산화탄소의 구성 시스템도 일종의 복잡계라고 할 수 있다. 과학 작가인 존 그리빈은 복잡계를 아래와 같이 쉽게 설명한다.

가장 단순한 기계는 바퀴와 손잡이다. (중략) 바퀴 하나 또는 기어 톱니바퀴 하나조차도 복잡하지 않다. 그러나 본질적으로 바퀴와 손잡이의 조합에 지나지 않는 달리는 자전거는 과학적으로 보자면 복잡한 대상이다. 그럼에도 불구하고 자전거 부품의 상호 작용은 쉽게 이해할 수 있다. 그리고 이것은 오늘날 과학에서 사용되는 용어인 복잡성이 지닌 또 다른 중요한 특성 – 사물들이 상호 작용하는 방법의 중요성 – 을 잘 보여준다.[2]

과학자들이 복잡성을 만날 때 나타나는 본능적인 반응이 있다. 첫째, 단순한 구성 요소를 파악하고 둘째, 이들이 상호 작용하는 방식을 이해하고 셋째, 자신들이 연구할 대상에 적용할 수 있는 단순한 법칙을 발견하는 것이다. 즉, 과학자들은 복잡성 속에는 필연적으로 단순함이 있다고 믿는다. 존 그리빈은 그것을 바로 '깊숙이 숨겨진 단순함에 기반을 둔 복잡성'[3] 즉, 딥 심플리시티 (deep simplicity)라고 했다.

단순함은 이제 종교다. 모두 단순함을 추구한다. 그럼 과거는 복잡했을까? 과거에 사회 구조는 단순했지만 그 구조를 이루는 요소는 복잡했다. 예를 들어, 고속 도로를 보자. 한국에서 1990년 대는 1980년대부터 본격화된 여름 바캉스 문화가 만개한 시기다. 1990년대 여름 고속 도로는 피서객들의 급증으로 늘 정체였다.

'1990년 8월 2일에는 경부 고속 도로 개통 이후 처음으로 여름 휴가철 서울 톨게이트 차량이 추석 통과 차량을 추월하기도 했다.'⁴⁾ 당시 명절 최고 기록은 1989년 추석 때 1일 52,000대였지만 1990년 여름휴가 때 1일 54,500대를 기록했기 때문이다.

강릉으로 피서를 가려던 사람들 중에는 올림픽 대로에서 고속 도로로 진입하는 데만 1시간 이상이 걸려 집에 되돌아갔다가 이른 새벽에 다시 출발하는 경우도 있었다고 한다. 하지만 2000년대 와서 중부 내륙 고속 도로와 논산 천안 고속 도로가 개설되고 활성 화되면서 교통량은 분산되었다. 명절 때 서울에서 부산까지 소요 시간은 10시간 이상, 폭설로 막히면 최대 20시간까지 늘어나기도 했지만 지금은 6시간 이내로 훨씬 줄었다.

이제 나라 곳곳에 고속 도로가 거미줄처럼 복잡하게 얽혀 있다. 과거에 비해 고속 도로는 숨통이 트였다. 의식도 변했다. 이제 모든 사람이 명절 때 고향에 가야 한다고 생각도 안 한다. 간소화다. 사회 구조는 다각적으로 복잡해졌지만 그 구조를 이루는 요소들은 단순 해졌다.

사회적, 문화적 수용력이 크고 많아지면 단순함은 따라온다.

높은 수용력은 조밀도가 떨어져서 평방 1m 안에 층층이 복잡하게 쌓았던 기능을 분산시킬 수 있다. 어렸을 적 한방에 같이 생활한 우리 남매의 방은 혼종이었다. 각자의 독립된 방이 생기자 방은 고유의 정체성에 맞게 단순해졌다. 높은 수용력은 오리지널을 인정하는 여유를 만들고 그것은 고유의 가치에 집중한 단순함이 된다.

본질에 집중해라, 조금 더 단순해지라고 말한다. 이건 마치 지금 세상은 너무 복잡하다는 것처럼 들린다. 그들이 단순함을 말할 수 있는 이유는 세상이 복잡해서가 아니다. 이제 우리는 단순함을 즐길 수 있는 여유가 생겼기 때문이다. 거친 콘크리트 면이 그대로 보이는 카페에 가도, 버튼 하나 달랑 달린 전화기를 봐도 사람들은 왜 만들다 말았냐고 불안해하지 않는다. 다양한 오리지널을 수용할 수 있는 사회는 각각의 본질에 집중할 수 있도록 한다. 집 안을 텅텅 비운 미니멀 라이프가 가능해진 건 집 밖이 '맥시멀'해졌기 때문이다. 집 안에서 채우지 못한 건 집 밖에서 채우면 된다. 차가 없어도 대중교통을 이용하면 되고 밥이 없어도 배민으로 시켜 먹으면 된다. 커피를 마시고 싶으면 무인 카페에 가서 커피를 마실 수 있다. 각각의 기능들이 집 안에 매몰되지 않고 집 밖에 다양하게 분산되어 있다. 오리지널한 기능을 수용할 수 있다면 그 기능은 더욱더 본질에 집중하여 단순해진다.

복잡성은 단순함에서 기인하고 단순함은 복잡성 안에서 기능한다. 복잡한 이 세계를 살아가는 우리에게 과학자들이 복잡성에 접근하는 방식을 대입해 볼 수 있다. 만약 당신이 이 세계가 복잡하고 불가해하다고 느낀다면 그것은 당신 안에 단순함이 있다는 결정적인 증거다. 과학자가 말하지 않았는가? 복잡성 속에서 단순함이 기반하고 있다고 말이다. 복잡성 속에서 발견하는 삶의 단순함은 다이아몬드처럼 단단하고 반짝일 수 있다. 지금부터 함께 그 단순함을 찾아보자.

왜 그렇게도
복잡해지고 싶어서 안달 난 거야?

나영석 프로듀서는 1박 2일 PD 시절부터 유튜브까지, 제 작 환경의 변화를 경험했다. 대략 20년 동안 영상 제작 방식 은 발전했다. 발달한 기술만큼 영상 제작도 단순해질 것이라고 예상한다.

그 예상은 나영석 PD의 말을 들어보면 잘못된 생각이다.

옛날에 제가 1박 2일을 찍을 때만 해도 이거로 편집을(디지베타 편집기) 하던 시절이에요. 그러면 소스 테이프를 한 처음엔 5개씩 쌓아 놓는데 나중엔 사람이 욕심이 있으니까 카메라 감독님을 더 부르는 거야. 왜냐면 아까우니까. 이렇게도 찍고 싶고 저렇게도 찍고 싶고. 그러면 이게 소스 테이프가 점점 늘어나는 거예요. 10개, 15개 나중에는 20개씩 가요. 그때도 그 생각을 했거든요. 아 이거 너무 많다. 소스를 너무 과하게 찍었다. 이렇게 찍지 않아야 되는데 안 찍자니 또 불안하고 놓치는 그림이 있을까 봐.[5]

처음 1박 2일을 찍을 때는 디지베타라는 비교적 불편한 편집기를 사용했다. 처음에 5개의 소스를 찍었지만 욕심 때문에 20개까지 소스를 늘렸다. 그때도 나영석 PD는 소스의 양이 과하다고 생각했지만 혹시 재밌는 그림을 놓쳐서 방송의 재미를 떨어트리는 게 걱정돼서 20개까지 소스를 늘린 것이다.

그리고 컴퓨터로 영상을 편집하는 시대가 되었다. 그럼 영상 편집이 더 편해지고 시간이 줄어야 하는 게 상식이다. 하지만 나영석 PD의 말에 따르면 전혀 그렇지 못한 결과를 낳았다.

근데 어느 순간 컴퓨터로 딱 바뀌고 진짜 광명을 본 거예요. 드디어 '밤샘은 없어졌다. 밤샘은 안녕. 신세계가 왔구나.' 라고 생각했는데 아니야. 인간이 얼마나 우둔한지 알아요? 여기 20개 쌓아 뒀잖아. 컴퓨터가 돼서 편해졌잖아. 그래서 다들 시간이 남아야 되잖아. 애들이 1박 2일을 할 때 하루 밤새웠는데 지금 이틀 밤새워요. 소스를 150개씩 찍어. 옛날에 소스가 10개, 20개였단 말이에요. 예를 들어 소위 말하는 리얼리티 쇼 '서진이네'나 '삼시세끼'나 그런 것들이 설치되는 카메라들을 다 합치면 100대 이상이 들어가요. 그러면 100대 이상의 소스가 옛날 디지털 편집기였으면 여기에 150개의 테이프가 쌓여 있는 거야. 근데 이걸 누구를 욕할 수도 없는 게, 인간이, 지들이 그렇게 만든 거야. PD들이.[6]

신기술은 우리를 보다 더 자유롭게 만들어 줄 거라고 생각한다. 하지만 실제로 그렇지는 않다. 옛날에는 냇가에서 얼음을 깨고 동상을 감수하면서까지 빨래를 했다. 그리고 세탁기가 발명되었다. 세탁기로 우리는 빨래를 더 빠르고 편안하게 할 수 있게 되었다. 그럼 우리는 더 많은 자유 시간을 확보할 수 있었을까? 아니다.

한 달에 한 번 빨래하던 양이 일주일에 3~4번을 빨래해야 할 양으로 더 늘었다.

이메일의 발명은 일일이 우체국에 가서 편지를 안 부쳐도 되게 했다. 하지만 지금의 우리는 출처를 알 수 없는 스팸 메일과 광고 메일 등 폭발적으로 늘어난 메일 때문에 메일함을 수시로 새로 고침을 하면서 확인해야 하는 지경에 이르렀다.

자동차가 발명되면서 우리는 더 빠르고 먼 거리를 갈 수 있게 되었지만 절약된 시간만큼 우리는 더 먼 거리를 이동하려고 한다. 하루에 1개만 있던 일정이 이제는 자동차의 발달로 인해 5개까지 약속을 늘리게 된 것이다.

우리는 복잡해지고 싶어서 안달 난 사람처럼 문명의 이기를 누리지 못하고 거기에 맞춰 자신의 시간과 노동력을 더 갈아 넣으려고 온갖 애를 쓴다. 데니스 뇌르마르크와 아네르스 포그 옌센이 쓴《가짜 노동》이라는 책에서 작가는 독일의 문화 철학자 오스발트 슈펭글러의 허위 형성(pseudo morphosis)이라는 개념을 빌려, 사서 고생하지 않아도 될 행동을 하는 이유를 '노동의 허위 형성' 때문이라고 한다.

노동의 허위 형성은 기존의 구태의연한 노동 산업 의식 속에서 갇혀서, 문명의 혜택을 누리지 못하고 허위 노동 의식이 생겨난 것을 말한다. 예를 들어, 기존의 노동 의식에 따라 상품을 개발하고 출시하고 제안서를 쓰고 리포트를 정리하고 매니지먼트를 하는 것이 고리타분하고 필요 없는 가짜 노동임을 알지만 관성적으로 우리는 그 노동을 행하는 것이다.

내가 신입 사원일 때 일이 없어 모니터만 바라보고 멀뚱히 앉아 있자, 팀장이 나에게 다가와 물었다. "할 일 없어?" 나는 솔직하게 "네, 지금은 딱히 할 일은 없습니다. 뭐 혹시 시키실 일이라도 있을까요?"라고 대답했다. 그러자 팀장은 나에게 "할 일이 없으면 만들어서라도 일을 해야지. 그렇게 수동적인 직원은 우리 회사에 있을 수 없어."라고 말했다. 그렇다. 아마 지금까지도 대부분의 회사가 이러한 의식 속에 있을 것이다. '일이 없으면 일을 만들어서라도 해라.' 여기서 만들어진 일은 해도 그만, 안 해도 그만인 일이다. 철 지난 보고서를 만들고 진행되지도 않을 기획안을 쓰며 뭐라도 하고 있는 척 시간을 보낸다.

《가짜 노동》의 저자는 이러한 현상의 원인을 아래와 같이 설명한다.

'가짜 노동의 시대에 사람들은 자기가 하는 일에서 자신을 인식하지 못한다. 왜냐하면 애초에 노동 안에서 자신을 발견하는 게 불가능하거나, 뭔가 잘못되었음을 인식하고 조치를 하는 데 필요한 자기 인식 개발이 불가능한 방식으로 노동이 설정되었기 때문이다. (중략) [안다는 사실을 모르는] 이라는 문구인데, 즉 이 경우가 주로 가짜 노동을 만든다. (중략) 우리가 일 속에서 자신을 인지하지 못함에도 불구하고 너무나 오랫동안 해오고 있기 때문에 [우리가 아는 것]은 우리로부터 이질적인 것이 되었다.'[7]

우리는 많은 일을 해오면서 그것이 자신에게 어떤 의미로 인식되는지 알기 어렵다. 처음부터 그렇게 해왔기 때문에, 마치 젓가락과 숟가락으로 밥을 먹을 때 그 사실을 의식하고 사용하지 않는 것처럼 말이다. 우리는 이렇게 복잡한 노동에 익숙해졌으므로 그것을 제삼자의 관점에서 바라보려고 하는 순간, 그것은 전혀 다르고 이질적인 의미로 받아들일 수밖에 없다. 우리는 우리의 노동을 안다고 생각하지만 사실은 모르고 있는 것과 다름없다.

나는 나를 착취할 권리가 있다

사서 고생한다는 옛말이 괜히 있는 게 아니다. 우리는 안 해도 될 고생을 자처하고 있다. 누가 그렇게 하라고 한 것도 아니다. 우리 스스로 높은 미션을 설정하고 그것을 성취하기 위해서 자기 육체와 정신을 갈아 넣는다. 나영석 PD도 자신들의 우둔함을 한탄하며 "근데 이걸 누구를 욕할 수도 없는 게, 자기들이 그렇게 만든 거야. PD들이." 라고 말하지 않았는가.

컴퓨터 영상 편집 프로그램으로 10개의 소스만 찍어 편집했다면 PD들은 시간이 남아돌 것이다. 그 여유 시간에 조금 더 신선한 프로그램을 생각할 수 있지 않았을까? 극단적인 예시로 그리스 로마의 철학자들은 일은 하지 않는 것이 좋다고 생각했다.

아리스토텔레스에 따르면 오직 일하지 않는 사람만이 행복할 수 있다고 했다. 제정 로마 시대에는 성인 남자의 20퍼센트가 일을 하지 않았다. 그들 스스로 일하지 않는 삶을 꽤 뿌듯하게 여긴 듯하다. 그들은 그 시간에 사색을 하고 여가를 즐겼다.

고대 그리스와 달리, 일의 성격이 바뀌게 된 것은 지금으로부터 약 200년 전이다. 13세기까지 일은 사람이나 가축이 했다. 증기 기관이 개발되고 전기가 발명되면서 노동 방식도 획기적으로 변했다. 2차 세계 대전 이후의 미국 직장은 따분했지만 높은 보수와 안정된 생활을 주었다. 그러면서 노동은 모두 없어지고 일주일 몇 시간 근무하는 감독 업무가 주가 될 것이라는 예측이 쏟아졌다.

하지만, 이러한 예측은 오래가지 않아 헛소리라는 것이 드러났다. 아시아와 남미의 저임금 노동자가 미국에 유입되었기 때문이다. 미국의 일자리는 다시 불안을 맞이했다. 미국인들은 미래를 보장받지 못한 상태에서 불리한 조건의 노동을 감수할 수밖에 없게 된 것이다.

　이렇게 그들은 현대 사회에 와서 노예를 자처하며 자기 자신을 채찍질하는 것으로 발전했다. 이것은 오늘날의 독특한 변종 질환이다. 과거에 주인은 노예를 벌하며 노동을 시켰다면 이제는 노동자 스스로 자신을 강제한다. 그것은 곧 자기 착취로 치닫는다. '자기 착취는 자유롭다는 느낌을 동반하기 때문에 타자의 착취보다 더 효율적이다.'[8]

　우리는 자기 착취의 늪에 빠져 증가한 업무량의 부담을 느낀다. 그러한 부담 중 하나가 멀티태스킹이다. 현대 사회에서 멀티태스킹 능력이 없다면 살아가기가 힘들 정도다. 사실, 멀티태스킹은 고도로 발달한 정보 사회 속 인간이 갖춰야 할 능력은 아니다. 오히려 멀티태스킹은 수렵 동물들의 주요 능력 중 하나다. 예를 들어 동물들은 먹이를 먹으면서 '경쟁자가 먹이에 접근하지 못하도록 막아야 하고, 먹는 도중에 도리어 잡아먹히는 일이 없도록 경계를 늦추지 않아야 하며, 동시에 새끼들도 감시하고, 또 짝짓기 상대도 시야에서 놓치지 않아야 한다.'[9]

　그래서 동물에게 사색은 사치다. 그들은 동시에 할 일이 매우 많기 때문이다. 이러한 멀티태스킹 능력이 지금도 인간에게 요구되고 있다. 아직 우리가 멀티태스킹으로 노동을 하는 이유는 인간이 단순함을 지루해하기 때문이다. 이 내용은 뒤에서 자세히 이야기하겠지만, 인간은 지루함을 결코 참지 못하고 노동의 난도를 높여서 스스로를 갉아먹는다.

독일의 심리학자 미하이 칙센트미하이는 이러한 노동 난이도 설정은 집에서 가족과 시간을 보낼 때보다 목표와 보상이 확실해서라고 말했다. '집에서 혼자 있거나 가족과 시간을 보낼 때는 명확한 목표라고 할 만한 게 없다. 자기가 일을 제대로 했는지, 산만하지는 않은지, 자신의 실력이 달리는 건 아닌지 확인할 길이 없다 보니 따분해지게 마련이고 때로는 불안마저 느낀다.' 즉, 사람이 살아가는 일상 속에서 확실한 보상의 구조는 일터에만 있다는 것이다.[10]

한병철은 《피로사회》에서 이러한 일터에서의 자기 착취는 규율 사회에서 성과 사회로의 변모에 있다고 말한다. 규율 사회는 '~해야 한다'라는 강제적인 부정성이 있다면 성과 사회는 '할 수 있음'이라는 긍정성이 대두된다. 이러한 노동자는 성과 사회에서 주인에게 복종하는 복종적 주체가 아니라 자기 스스로가 주인이자 노동자인 성과 주체가 된다.

성과 사회의 시스템이 빛을 발하는 지점은 생산성이 일정한 지점에 이르렀을 때다. 규율 사회에서는 일정한 목표 생산량을 달성하면 더 이상 일을 하지 않는다. 노동자는 '의자 100개 생산을 달성해야 한다.' 주인의 명령이 입력되고 그것을 달성했다면 더 이상 일할 의무가 없다. '생산성이 일정한 수준에 도달하면 금지의 부정성은 그 이상의 생산성을 가로막는 걸림돌로 작용하기 때문이다. 능력의 긍정성은 당위의 부정성보다 훨씬 더 효율적이다.'[11] 그래서 성과 사회의 성과 주체는 규율 사회의 복종적 주체보다 더 높은 생산성을 보인다.

곧잘 현대 사회의 인간은 타의가 아닌, 스스로가 정한 룰을 지키지 못했을 때 우울해진다. 타인이 정한 룰은 나에게 책임이 없다. 그러나 나 스스로 정한 룰은 나에게 책임이 있기 때문이다. 그 책임을 다하지 못했을 때 더 큰 자괴감을 느낀다.

그렇기 때문에 심심함은 인간에게 필요한 순간이다. 심심함을 통해서 정신적 이완을 할 수 있다. 만약 끊임없이 움직이고 분주해야 한다면 우리는 새로운 창조를 낳지 못한다. 심심함은 새로운 행동에 도전하게 한다. 예를 들어, '심심한데 걸어 볼까'라고 생각하거나, 걷는 게 심심해지면 '뛰어 볼까'라고 생각하고, 뛰는 게 심심해지면 '자전거를 타 볼까'라고 말이다. 미국의 작가 폴 오스터는 글쓰기라는 작업을 위해서 걸을 필요가 있다고 아래와 같이 말했다.[12]

'걷다 보면 단어들이 떠오르고, 머릿속에서 그것들은 쓰면서 단어들의 리듬을 들을 수 있다. 한발 앞으로, 다른 발을 앞으로 내밀면서 심장이 이중으로 두근두근 뛴다. 두 개의 눈, 두 개의 귀, 두 개의 팔, 두 개의 발. 이것 다음에 저것, 저것 다음에 또 이것. 글쓰기는 육체에서 시작된다. 그것은 몸의 음악이다.'

가장 단순한 걷기는 새로움의 씨앗이 된다. 단순함에 집중했을 때 우리는 거기에서 새로운 것을 연상할 수 있다. 우리에게 자기 착취의 미션이 아니라, 단순함이 필요한 이유다.

아무것도 하지 않는 건 어렵다

일이 너무 많아, 만나야 할 사람이 많아 등 우리를 복잡하게 만드는 외적인 조건들은 어쩌면 허상이다. 대상은 하나지만 그것을 복잡다단하게 만드는 건 우리의 내면이다. 없는 일을 만들고 만나지 않아도 될 사람을 만나고 잡지 않아도 될 미팅을 잡는다. 순전히 내면의 불안과 강박 때문이다. 가만히 있지 못하고 늘 분주하게 움직이면서 스스로의 쓸모를 인정받기 위해 부단히 애를 쓴다. 우리에게 '~하지 않음'이라는 개념이 머리로는 쉽게 이해되나 그것을 행동으로 옮기는 건 절대 쉬운 일이 아닐지도 모른다.

'하지 않음을 행한다'는 건 어렵다. 담배와 술을 끊기 위해서 어떤 행동이 필요한 건 아니다. 그저 가만히 있으면 된다. 그 시간이 오래 지속되면 술과 담배는 어느새 끊어져 있다. 술과 담배를 끊기 위해서 그 어떤 행동도 필요치 않다. 하지 않음을 행할 뿐이다. 그러나 많은 사람이 술과 담배를 끊지 못한다. 어떤 행동을 하거나 힘을 써서 끊는 것도 아니다. 가만히 있으면 끊어지는데 그것을 어려워한다. '하지 않음을 행하는 것'에는 생각보다 큰 에너지가 소요된다는 뜻이다. 실제로, 가만히 있는 것이 얼마나 힘든 일인지 알려주는 꽤 충격적인 실험 결과가 있다.

한 과학자가 버지니아 대학생을 대상으로 한 실험이 있다. 실험 내용은 피실험자들이 조용한 곳으로 가서 6분 동안 기분 좋은 일을 생각하면서 즐거운 시간을 보내기이다. 단 컴퓨터나 TV, 스마트폰같이 주의를 산만하게 하는 기구는 치워야 한다. 허용되는 건 6분을 알람 해줄 타이머 정도다. 이 실험의 조건은 간단하다. 첫 번째는 한자리에 계속 앉아 있기. 두 번째는 졸지 말고 깨어 있기.[13]

실험에 참가한 대다수 학생은 딴생각을 하지 않고 끝까지 과제에 집중하는 것을 어려워했다. 심지어 이 과제가 전혀 즐겁지 않았다고 했다. 여기까지는 충분히 그럴 수 있다. 주의가 산만한 학생이라면 이런 과제는 곤욕일 수 있다. 그런데 새로운 추가 실험 결과는 다소 충격이었다.

먼저 실험 참가자에게 전기 충격을 가한다. 대부분 참가자들은 그 전기 충격이 매우 불쾌한 경험이라는 것을 학습했다. 심지어 돈을 내고서라도 그 경험을 안 하고 싶다고 했다. 그리고 6분 동안의 조용한 시간을 보내는 실험을 똑같이 했다. 전반적인 실험의 내용은 동일했다. 다만 이번 실험에서 추가된 변수는 이것이다. 원한다면 6분간의 실험 도중 자진해서 전기 충격을 받을 수 있는 선택권이 주어졌다는 것이다.

상식적으로 이 불쾌한 자극을 스스로 받을 학생은 없을 것이라고 생각했다. 결과는 전혀 그렇지 않았다. 여학생은 4명 중 1명이, 남학생은 3명 중 2명이 6분 동안 조용히 생각하기 실험에서 적어도 한 번은 스스로 전기 충격을 받았다는 것이다. 이 실험에서 아무것도 하지 않는 것보다 불쾌한 전기 충격의 고통을 받는 것이 더 낫다는 결과가 나왔다.

학생들에게 5분의 여유 시간이 있으면 하고 싶은 것이 무엇인지도 조사했다. 89퍼센트가 숙제, 독서, 스마트폰 확인 같은 외적인 활동을 원했다. 생각을 하며 조용히 시간을 보내고 싶다는 의견은 11퍼센트밖에 되지 않았다. 많은 사람은 조용히 생각을 하면서 시간 보내기를 원치 않았고 그건 시간 낭비라고 생각했다.

'Do nothing is do something'이라는 말이 있다. 아무것도 하지 않는 것은 곧 무언가를 한다는 것과 같다는 말이다. 누군가는 이 말을 '이 보 전진을 위한 일 보 후퇴'라는 뜻으로 해석한다. 즉, 지금 아무것도 하지 않는 건 미래의 더 높은 생산력을 위한 쉼이라고 말이다. 하지만 나는 이 문구를 그렇게 해석하지 않는다. Do nothing에는 선택이 수반되어 있다. '하지 않음'을 선택한다는 것에는 '선택'이라는 행동이 있다. 그 '하지 않음'에는 자신의 실존적 선택이라는 Do something이 녹아져 있다.

허먼 멜빌의 단편 소설 《필경사 바틀비》에서 바틀비는 변호사 사무실에서 서류 업무를 정리하는 필경사로 일한다. 어느 날 변호사가 바틀비에게 업무를 요청하자 바틀비는 갑자기 이렇게 대답한다. "안 하는 편을 선호하겠어요(I would prefer not to)." 이 대답에

변호사는 당황하지만 해고조차 하지 못한다. 변호사는 계속되는 바틀비의 거절 때문에 바틀비만 사무실에 홀로 남기고 본인의 사무실을 이사한다. 변호사는 기존 사무실에 새 주인이 찾아오나 바틀비가 계속 퇴거를 거부한다는 소식을 듣는다. 변호사는 바틀비를 자신의 집에 초대해 그 이유를 물어보려고 한다. 그러자 돌아온 바틀비의 대답은 "안 하는 편을 선호합니다"이다.

바틀비의 언행은 다소 기이하다. 예를 들어 우리는 보통 누군가가 탐탁지 않은 요청을 거절할 때 "난 그걸 원하지 않아"라고 말하지 "난 그걸 원하지 않고 싶어"라고 말하지 않는다. 마치 구글 번역기를 돌린 듯 어색한 표현이다. 바틀비는 자신의 거절 표현에서 '해야 함'을 거부하는 것이 아니라 '하지 않음'을 긍정한다. 즉 긍정을 부정하는 것이 아니라 부정을 긍정하면서 자신의 실존을 견고히 한다.

그렇기 때문에 하지 않음을 선택하는 건 무언가를 하는 것보다 어렵다. 해야 함을 선택하는 것은 긍정을 긍정하는 것이다. 하지만, 하지 않음을 선택하는 것은 부정을 긍정하는 것이기 때문이다. 자신의 삶에서 부정을 이룩한다는 것은 가장 핵심적이고 중요한 실존적 선택일 수밖에 없을 것이다.

우리는 복잡한 것이 좋다는
세뇌에 빠졌다

한국의 대표적인 시인인 '이상'에게 늘 따라붙는 수식어는 '천재'다. 한국 문학계에서는 그를 '천재 시인 이상'이라고 부른다. 고등학교 문학 시간에 등장하는 이상의 시를 읽으면 한국어로 써졌지만 외국어처럼 보이는 기이한 현상을 체험할 수 있다. 하나부터 열까지 이해할 수 있는 구절이 단 한 곳도 없다. 그것이 한국 문학계에 어떤 영향을 끼쳤는지 그리고 무슨 새로운 문학의 바람을 일으켰는지는 솔직히 내 알 바는 아니다. 왜 이런 시를 공부하라고 강요하는지, 저기 교단 위에서 설명하는 선생님은 과연 알고는 가르치는지, 이상의 시에 대한 물음보다는 이 어처구니없는 상황을 납득할 수 없었다. 이상은 정말 천재기는 했을까?

신적 영감을 지닌 천재 예술가 이미지는 19세 낭만주의 시대의 산물이다. 문학가 유종호는 낭만주의와 천재의 관계를 다음과 같이 설명했다. '대체로 낭만주의 시대에 와서 시인이 힘들이지 않고 황홀경에서 시를 완성하였다는 투의 얘기가 많아진다. 그것은 한편으로 시인이 여느 사람들과는 다른 특별한 천재라는 생각을 부추긴다.'[14] 이러한 낭만주의 시대의 '천재 신화'는 예술가에게 신의 계시를 받은 천재라는 아우라를 발산하게 한다. 그 결과, 평범한 사람들은 그러한 예술가들을 동경하고 범접할 수 없는 그 무언가가 있다는 듯이 생각하곤 한다.

우리는 사실 이러한 '천재의 신화'에 많이 놀아난다. 예를 들어 이상의 문학을 인정하지 않으면 마치 교양이 없는 사람인 것처럼 인식된다. 레오나르도 다빈치의 '모나리자'는 그 알 수 없는 묘한 미소 하나로 무수한 해석과 억측을 야기시킨다. 또 현대 예술가들의 복잡한 예술 작품을 이해하지 못하면 그 작품이 덜떨어진 게 아니다. 내가 덜떨어진 것이다. 어디 감히 기풍 넘치는 천재적인 예술가의 작품이 덜떨어졌다고 할 수 있겠는가. 아니 될 말씀이다. 비난의 화살은 작품이 아니라 내가 온전히 받아야 하는 것이 7차 교육 과정을 이수한 학생의 도리다.

다시 고등학교 문학 시간으로 돌아가 보자. 수업 시간에는 이상의 시 '오감도'를 공부하고 있다. 앞에서 이빨 아프도록 말했지만, 이 시는 난해하다. 이 시에서는 1~13의 아해가 무섭다고 한다. '7인의 아해도 무섭다 그리오'라고 말할 때는 이상이 도대체 무슨 생각을 하고 이 시를 쓰게 되었는지 궁금해지기 시작한다. 하지만 이러한 궁금증을 참고 우리는 이 시를 이해해야만 한다. 선생님이 우리에게 분명히 존재한다고 확언한 그 천재성을 어떻게든 인정해야만 한다. 그렇지 않으면 그것은 이상의 잘못이 아니라 내 잘못이다.

우리는 이상의 시가 어려운 이유를 작품에서 찾으려 하지 않고 '그가 천재이기 때문에'라는 말로 쉽게 넘어가려고 한다. 그는 신이 선택한 천재고 우리는 둔재라서 그를 감히 이해할 수 없다는 생각이다. 그런데 사실 이러한 천재의 신화도 동어 반복의 형식주의 산물이다.

예를 들어 '이상은 천재다 → 이상은 신의 영감을 받았다 → 이상은 천재다'와 같은 도식이다. 이러한 형식주의를 찬찬히 살펴보면 의문점이 떠오른다. 그 '신의 영감'이란 게 도대체 무엇이냐는 것이다. 영감이 있었기 때문에 천재가 나타난 것인지 아니면 천재가 있기 때문에 신의 영감이 있는지 알 수 없다. 이와 같은 생각은 결국 '신의 영감 = 이상의 시'라는 결론을 내리게 된다. 신의 영감이라는 것은 그 어딘가에 신비로운 형태로 존재하는 것이 아니라, 이상이 이상한 시를 썼기 때문에 신의 영감이 있다는 것이다. 이는 마치 순환 논리의 오류와 비슷하다.

순환 논리는 우리 일상생활에서도 많이 볼 수 있다. 영화 <범죄도시3>이 성공한 이유의 기사를 보면 이런 내용이 있다.[15] '이미 범죄도시1, 2를 통해 마동석이 연기한 마석도 캐릭터가 확실하게 만들어졌다. 관객들은 이 인물이 나오는 영화는 기대만큼 재미를 줄 것이라는 신뢰를 느끼게 된다'라고 말했다. 그러니까 결국 <범죄도시3>이 성공한 이유는 <범죄도시3>이기 때문이라는 것이다. <범죄도시3>의 성공 이유를 <범죄도시3>이라는 영화 속에서

도출한 게 과연 얼마나 합당한 성공 이유가 될 수 있을까? 아무리 쓰레기 같은 작품을 만들어도 만약 그 작품이 성공한다면 우리는 그 작품에서 충분히 성공 이유를 뽑아낼 수 있을 것이다.

이런 순환 논리로 탄생한 천재의 신화에 반기를 든 사건이 미국에서 일어났다. 1996년에 《소셜 텍스트》라는 학술 잡지에 한 논문이 실리면서 큰 파장을 불러일으킨 적이 있었다. 그 논문의 제목은 《경계의 침범: 양자 중력의 변형 해석학을 위하여》이다. 그 논문이 우수했기 때문에 생긴 파장은 아니었다. 실린 논문이 가짜였기 때문이다. 가짜 논문을 쓴 사람은 뉴욕 대학교의 물리학과 교수 앨런 소칼이었다. 그가 가짜 논문을 쓴 이유는 많은 프랑스 철학자들이 잘 알지도 못하는 과학의 개념을 자기 분야에 오용하는 행태를 비판하기 위해서였다. 프랑스 철학자들은 막연하게 아는 과학 이론을 장황하게 늘어놓고 자연 과학에서 나온 개념을 인문학에 도입할 때 최소한의 근거도 밝히지 않으며, 동떨어진 맥락에서 전문 용어를 남발하여 어설픈 학식을 과시하려고 한다는 것이다. 그렇게 함으로써 과학을 잘 알지 못하는 독자에게 겁을 준다고 말한다.

문제는 앨런 소칼이 그 당시 프랑스 포스트모더니즘 철학자들의 글쓰기 행태를 패러디해 쓴 논문이 제대로 된 심의를 거치지 않고《소셜 텍스트》의 특별 호에 실렸다는 사실이다. 앨런 소칼은 이같은 사실을 폭로하면서 언론과 학계에 큰 파장을 남겼다. 앨런 소칼은《지적 사기》라는 책을 쓰며 프랑스 철학자들을 하나씩 거론한다. 그 책에서 그들이 얼마나 빈약한 내용을 난해하고 위압적인 과학 용어로 포장하는지 폭로한다. 이로 인해, 프랑스의 주류 지성인들의 자존심은 산산조각 난다.

앨런 소칼의 발칙한 행동에 대해서 학계는 크게 두 가지 방향으로 반응했다.[16] 영국의 진화생물학자인 리처드 도킨스는 "정직한 사유의 부재를 은폐할 목적으로 난해하게 꾸며진 언어가 존재하는 것도 사실"이라고 말하며 앨런소칼을 옹호했다. 한편으로는 앨런 소칼이 철학자들의 저작 전체적인 맥락은 무시했다는 평도 있었다. 여러 가지 논란에도 불구하고 앨런 소칼이 학계에 던진 메시지는 분명하다. 철학자 본인들도 잘 모르는 과학적 개념을 남용하면서 대중을 속이는 학문은 사기라는 것이다. 이 사건으로 인해 프랑스 철학자들의 권위에 주눅 든 대중이 다시 그들의 철학을 환기할 수 있는 계기가 된 것은 확실하다.

학창 시절에 배운 것들은 하나같이 복잡하고 어렵다. 선생님은 그것들이 좋은 것이라고 말한다. 복잡한 게 좋은 것이라면 단순한 것은 가치 없는 것일까? 우리는 복잡함의 신화에 주눅이 들어서 불필요한 복잡함을 만들고 있는지도 모른다.

불안은 나를 복잡하게 만든다

불안해서 불안하고 그래서 불안하다. 불안은 굴리면 굴릴수록 더 커지는 눈덩이 같다. 불안이라는 감정이 정수리 끝까지 차면 떨어지는 낙엽도 불안하고 신발 끈이 풀린 것도 불안하다. 불안은 자석처럼 내 주변의 일상들을 다 빨아들여서 자신의 몸집을 키운다.

불안은 불확실함에 기생한다. 나영석 PD가 소스 테이프를 100개까지 찍은 이유는 불안해서이다. 하지만 더 근본적으로 물어보자. 불안을 느꼈던 이유는 무엇일까? 30개만으로 재미난 프로그램을 만들 수 있을지 확신하지 못해서다. 소스 테이프 30개로 시청률 20% 찍을 수 있는 프로그램을 만들 수 있다는 확신이 있었다면 100개 소스로 자신을 혹사하지는 않았을 것이다.

덴마크의 철학자 키르케고르가 불안은 무(無)라고 말했을 때 그는 불안이 지닌 원초적인 불확실성을 염두에 두었다. 불안에는 실체가 없다. 가끔 그럴 때 있지 않는가. 이유 없는 불안함이 혈관을 타고 온몸을 휘감는 기분 말이다. 내가 왜 이렇게 불안함을 느끼는지, 이 불안이 무엇을 향하는지 도통 감도 잡을 수 없다.

오스트리아 출신의 심리학자 알프레트 아들러는 공포와 불안의 차이를 대상의 유무로 파악했다. 공포에는 대상이 있지만 불안에는 대상이 없다는 것이다. 만약 내가 개를 무서워한다고 해보자. 그 무서움을 없애는 방법은 간단하다. 개를 눈앞에서 사라지게 하면 된다. 하지만 불안은 그럴 수 없다. 스멀스멀 기어 오는 애벌레처럼 내가 무엇 때문에 불안한지 시간을 두고 나를 들여다보지 않는 이상, 그 실체를 정확히 파악하기 힘들다. 실체를 모르니 불안을 해결하는 것도 쉽지 않다.

실체가 없어서 불확실하고, 그 불확실함은 불안을 만든다. 불확실함은 불안을 만드는 주요 동력이다. 그래서 불안의 시제는 미래다. 미래는 필연적으로 불확실하기 때문이다. 미래를 예측할 수 있지만 그것이 확실한 사실은 아니다. 확률일 뿐이다. 과거는 확실하다. 과거가 불안하다고 하는 사람은 단 한 명도 없다. 이미 지났기 때문이다. "2시간 뒤에 시험 치는 데 어제 공부하지 못해서 불안해"라고 말해도 그 불안의 원인은 공부 못한 어제가 아니다. 2시간 뒤 있을 그 알 수 없는 미래의 시험이 불안한 것이다. 모든 불안은 미래를 향해 있다. 미래는 내가 모르기 때문에 불안하다.

우리가 복잡하게 사는 근본 이유도 이와 궤를 같이한다. 우리는 불확실하기 때문에 늘 무언가를 한다. 왜 불안한지 모르기 때문에 무언가를 하면 나을 거 같아서이다. 적어도 무언가를 하면 조금 낫지 않을까 하는 막연한 생각이 든다. 그러다가 이렇게 나를 혹사하는 인생이 과연 맞나 싶은 생각에 또 불안하다. 이렇게 당신의 외면과 내면은 복잡함에 잠식당하고 정작 찾아야 할 스스로를 잊고 만다.

불안이 만든 복잡함이 당신의 인생을 서서히 파괴하는 순서의 첫 시작은 망설임이다. 당신은 이미 불안 때문에 A부터 Z까지 혹시나 모를 상황에 대비해 다양한 선택지를 만들었다. 이제 그 선택지 중 하나를 선택해서 당신만의 힘으로 이끌어 나가면 된다. 하지만 불안에 중독된 사람들은 무엇을 선택해야 할지 모른다. 선택을 불안해하고 망설이는 순간이 길수록 인생은 점점 파국으로 치닫게 된다. 《불안의 철학》을 쓴 철학자 기시미 이치로는 왜 사람이 망설이는지 아래와 같이 설명한다.

사람들은 무슨 일이 일어날지 모르기 때문에 불안하다고 한다. 하지만 불안해져서 결정 내리기를 주저하는 것이 아니라, 결정을 내리지 않으려고 불안해지는 것이다. 불안하지 않으려면 결정을 내려야 하지만, 망설이고 있는 동안은 결정하지 않아도 되기 때문이다. 반면 망설이기를 멈췄을 때는 바로 결정을 내려야만 한다. 결정을 나중으로 미루기 위해서는 앞으로의 일을 생각해 불안해지면 되는 것이다. 즉, 불안은 결정을 내리지 않기 위해 만들어 낸 감정이다.[17]

망설임은 회색 지대 시간이다. 한마디로 버려지는 시간이다. 결단을 하고 진행하는 것도 아니다. 그렇다고 쉬는 시간도 아니다. 스트레스는 스트레스대로 받지만 거기에 따른 결과를 만들어내는 시간이 아니기 때문이다. 망설임이라는 회색 지대 시간이 잦아질수록 점점 내가 삶을 이끄는 것이 아니라 상황에 나를 맞추게 되는 꼴이 된다.

그래서 단순하게 자신의 삶을 꾸려나가는 사람은 빠르게 선택하고 수습한다. 삶을 복잡하게 만드는 사람은 늘 불안해하고 망설인다. 선택하는 사람은 결과를 불안해하지 않고 수습하려고 한다. 망설이는 사람은 결과를 불안해하며 신중이라는 말로 자신을 포장한다.

선택은 삶에서 매우 중요한 부분이지만 전체 삶을 놓고 봤을 때 그리 큰 비율은 아니다. 우리는 선택의 결과를 수습하는데 대부분의 시간을 쓴다. 선택은 찰나이고 그 선택이 옳은 선택이 되도록 수습하는 데 온 힘을 쓸 뿐이다.

단순한 삶은 선택을 통한 수습에 더 큰 비율이 있다. 더 나은 선택이 있는 것이 아니라 얼마나 더 나은 수습인지가 더 중요하다. 수습을 잘하면 그 선택은 좋은 선택이 되는 것이고 수습이 엉망이면 그 선택을 잘했다고 해도 결국 잘못된 선택일 뿐이다.

솔직해져 보자. 사실 우리는 불안해지고 싶어서 불안해하고 복잡해지고 싶어서 복잡해지는 건 아닌지. 지금 당신은 어떤 불안에 중독되어 있는가?

chapter 2

단순함의 쾌락

"인생에 분노할 이유는 셀 수 없이 많지만

감사할 이유는 하나면 충분하지."

-영화 <신부가 된 복서> 중에서

　가끔 일을 하다가 집중이 안 될 때 인터스텔라 OST를 듣는다. 이 OST는 멜로디와 리듬이 단조롭다. 단조로운 OST가 내 복잡한 마음을 낚아채는 기분이다. 거기다가 이 OST를 들으면 엑셀 잡일을 하고 있어도 내가 위기의 인류를 구하는 중차대한 일을 하는 것처럼 느껴져서 좋다. 마음이 요동치면서 이 일을 오늘 안에 끝내지 않으면 인류는 멸망할 거라는 망상을 하면 집중력이 올라간다. 끽해야 이달의 정산 엑셀 작업인데 말이다. 단순함은 여러모로 유용하다.

루틴한 삶의 역설

나는 어릴 적에 무라카미 하루키처럼 살고 싶었다. 그의 소설과 에세이를 읽으면 그가 무척 자유롭게 살고 있다고 느꼈다. 직장 생활에 얽매이지도 않고 자기가 쓰고 싶은 글을 쓰면서 가고 싶은 외국에서 마음껏 여행도 하는 삶이란 정말 근사하지 않은가. 한마디로 그는 자유라는 나의 워너비 라이프를 살고 있었다.

그러다가, 그의 하루 일과를 알게 되면서 뒤통수를 크게 얻어맞은 느낌을 받았다. 그가 장편 소설을 집필하는 시기의 하루 일과를 아래와 같이 설명했다.

장편 소설을 집필하는 시기에는, 새벽 4시에 일어나 5~6시간 정도 집필에 집중합니다. 그리고 오후에는 10km 정도를 달리거나 1.5km 정도의 수영을 합니다. 그 후 책을 조금 읽고, 음악을 듣기도 하고, 밤 9시경 잠자리에 들곤 합니다. 이런 루틴을 변동 없이 일정하게 매일 진행합니다.[18]

하루키의 하루를 보면 이렇게 지루하게 사는 사람이 없다. 매일 새벽 4시에 일어나 글을 쓰고 오후에는 달리기를 하고 밤 9시에 잠자리에 드는 삶이란 어쩌면 매우 무료한 삶이다. 이것이 과연 내가 원하는 자유로운 삶일까 자문한다면 그건 아니라고 답할 수밖에 없었다.

내가 생각했던 자유로운 삶이란 사이클을 벗어난 삶이었다. 학교를 졸업하고 취업하고 결혼하고 육아를 하는 삶은 틀에 박힌 감옥 같은 삶이라고 생각했다. 나는 그러한 사이클을 벗어나고 싶었다. 내가 원하는 방식으로 내 삶을 꾸려 나가는 것이었다. 무언가에

종속된 삶이 아니라 그거로부터 해방된 것이 진정한 자유가 아닐까 생각했다.

분명, 하루키의 하루하루는 내가 원하는 삶과는 거리가 멀었다. 나는 감옥 같은 삶에서 벗어나길 원했고 하루키는 감옥 같은 생활을 했다. 이 두 가지 방향에서 차이가 있다면 단 하나다. 나는 누군가가 나에게 부과한 감옥으로부터 탈출하길 원했다면 하루키는 스스로 감옥을 만들어 생활했다는 점이다. 즉, 자의냐 타의냐의 차이이다.

내가 하루키의 삶을 보고 깨달을 것이 있다면 바로 이것이다. 자유는 자신의 통제력에서 나온다는 점이다. 자신에게 파도 같이 큰 자유가 주어진다고 해도 그 큰 파도를 유유히 서핑할 수 있는 통제력이 없다면 쉽게 파도에 휩쓸릴 수밖에 없다. 그때 파도는 선물이 아니라 재앙이다. 당신의 삶을 송두리째 저 멀리 보내 버릴 수 있는 재난이 된다.

내가 통제할 수 있는 자유를 얻기 위해서는 자신의 삶을 조직화해야 한다. 대부분의 사람은 24시간 중 12시간은 타의로 만들어진 시간을 산다. 직장은 내가 통제할 수 있는 곳이 아니다. 직장 안에서 업무의 조율은 내가 통제할 수 있다. 그러나 기본적으로 직장인은 내가 속한 조직의 시스템에 따라 움직일 뿐이다. 그럼 우리에게 주어진 시간은 나머지 12시간 남짓이다. 그 12시간을 어떻게 자신이 통제할 수 있는지에 따라 자유의 질이 결정된다. 그것은 하루를 어떻게 루틴화를 하는지에 달려 있다.

루틴은 에너지를 관리하고 스케줄링을 해준다는 면에서 좋다. 한정된 에너지를 어디에 어떻게 쓸 것인지 루틴이 잡혀 있다면 생산력이 높아질 수밖에 없다. 루틴이 없다는 건 마치 충동구매를 일삼는 프로 쇼퍼의 행태랑 같다. 얼마 있지도 않은 통장 잔고를 생각하지도 않고 물건을 사는 쇼핑 중독자처럼 충동적으로 에너지를 소비한다면 나의 에너지는 마이너스를 허덕이다가 결국 번아웃에 몰린다.

우리가 쉽게 번아웃에 빠지는 이유는 쓰지 말아야 할 에너지를 쓰고 써야 할 에너지를 엉뚱한 곳에 쓰기 때문이다. 결국, 멱살을 잡고 자신의 삶을 이끌어 갈 에너지는 바닥나고 누군가의 목줄에 잡혀 타의로 끌려가는 부자유를 경험한다. 루틴은 효율적인 생산성을 통해서 자신이 삶의 주도권을 만드는 유효한 전략이다.

루틴이 생산력에 좋은 이유는 결국 생산력은 집중력의 문제기 때문이다. 나의 에너지를 어디에 어떻게 쓸 것인지 계획이 잡혀 있다면 에너지를 쓸 때 집중력은 올라간다. 에너지를 써야 하는 구간과 에너지를 회복하는 구간이 명확하게 체계가 잡혀 있어야 집중력이 높아지고 그건 곧 생산력으로 이어진다. 하루키는 자신이 왜 이렇게 규칙적인 삶을 사는지 이렇게 말한다.

반복한다는 것은 매우 중요한 것이 되고, 이는 최면술의 한 형태가 되기도 합니다. 저는 제 자신의 깊은 상태에 도달하기 위해 최면술을 겁니다. 6개월에서 1년간 이런 생활 패턴은 심리적으로도 육체적으로도 꽤 높은 수준의 단련을 필요로 하게 됩니다. 그런 의미에서 장편 소설을 집필하는 것은 생존 훈련과도 같죠. 신체의 건강함은 예술적 감각을 위해서 꼭 필요한 것이라고 생각해요.[19]

하루키의 규칙적인 삶에서 루틴은 에너지를 관리하고 달리기와 수영은 에너지의 용량을 확장해 준다. 자유로운 삶이란 루틴과 운동, 이 두 가지의 생활 습관이 기본이 되어야 맛볼 수 있다. 루틴으로 꾸준히 에너지를 관리하며 나의 집중력을 유지하고 운동으로 에너지의 총량을 확장하며 에너지를 다방면에 투여할 수 있도록

하는 것이다.

자유는 사이클을 탈주하는 데 있기보다 자유시 안에서 정형시를 쓰는 관점으로 접근해야 한다. 하루키는 바를 운영하다가 소설가로 전향해 쓰고 싶은 글을 쓰고 자주 세계 곳곳을 여행한다. 내가 어릴 적 하루키의 삶을 봤을 때처럼 그를 멀리서 보면, 그는 일반적인 사이클에서 벗어난 삶처럼 보인다. 그가 하루하루를 어떻게 사는지 가까이에서 보면 매일 정해진 분량의 글을 쓰고 정해진 시간에 운동하는, 어떻게 보면 지루한 삶을 살고 있다.

하루키를 보면 사이클을 벗어난 삶이 자유를 보장하지 않는다. 벗어난 사이클을 유지하기 위해서는 하루키가 단련이라고 말할 정도로 고단한 루틴과 사이클을 만드는 것이 필수이기 때문이다. 여기에 자유로운 삶을 위한 역설이 있다. 자유를 유지하기 위해서는 감옥 같은 규칙이 필요하다는 것이다. 그것은 반대로 루틴한 삶의 역설이 될 수도 있다. 루틴은 당신을 구속하는 것이 아니라 오히려 더 자유롭게 한다는 사실이다. 당신의 삶을 잘게 나누고 조직적인 루틴을 만든다는 것은 당신을 자유롭게 한다는 뜻이다.

제로, 가장 강력한 자아의 유용성

내가 어릴 적 재미있게 본 애니메이션 중 하나가 「신세기 사이버 포뮬러」다. 이 만화는 주인공 하야토가 자신의 아버지가 만든 인공 지능 사이버 머신인 아스라다의 레이싱 드라이버가 되면서 벌어지는 이야기다. 이 만화는 표면적으로 보면 인간vs인간의 대결처럼 보인다. 주인공 하야토를 중심으로 그의 라이벌인 카가와 란돌프가 경쟁을 하면서 누가 더 나은 레이싱을 벌이느냐의 싸움이기 때문이다.

하지만 조금 더 깊게 보면 이 만화는 인간 vs 머신의 대결 구도를 그리고 있기도 하다. 신세기 사이버 포뮬러 세계관에서 자동차 머신은 시속 600km 이상을 달린다. 이 상황에서 머신이라고 불리는 자동차의 테크놀로지 경쟁은 매우 뜨겁다. 인간의 판단과 기술로 머신을 조종하는 것이 아니라 인공 지능 기술과 엔진 능력으로 승패가 갈린다면 여기서 과연 드라이버가 할 수 있는 것이 무엇인가? 라는 물음을 던질 수 있기 때문이다. 이 만화에서 등장하는 인물인 신죠는 인공 지능 사이버 머신에 의존한 레이싱이 아니라 자신의 능력을 키우기 위해 사이버 포뮬러가 아닌 F1에 도전한다. 그는 레이싱을 할 때 머신도 필요하지만 달리는 건 나라고 말하며 드라이버의 주체성에 더 무게를 싣는다.

우리는 「신세계 사이버모퓰러」에서 뿐만 아니라 이런 경우를 꽤 많이 경험한다. 내가 주도적으로 상황을 만들 수 있는 것이 아니라 여건에 맞춰 내가 변화해야 할 때가 그런 경우다. 상황과 대립하며 나의 주체성을 견고히 지킬 것인지 아니면 나의 주체성은 지워 버리고 상황에 맞는 나로 탈바꿈시킬지 말이다.

특히, 연예인들은 이러한 딜레마에 빠져 심각한 정신적 스트레스를 겪는다. 그 고통을 이기지 못하고 스스로 생을 마감하는 경우도 심심치 않게 발생한다. 연예인들의 자살에 대해서 여러 가지 분석들이 있다. 그 이유 중 하나가 심한 통제다. 빌보드 매거진의 아시아 특파원인 롭 슈워츠에 따르면 "팬들이 모든 움직임에 집중하고 헤어스타일에 대해 글을 남긴다. 어떻게 이렇게 현미경처럼 관찰할 수 있는지 놀랍다"고 했다.[20]

연예인은 가면을 쓴다. 늘 자기를 지운다. 소속사가 잡아 준 콘셉트로 자신을 꾸미고 팬들이 원하는 모습으로 자신을 탈바꿈시킨다. 그 모습이 실제로 자기가 아니어도 상관없다. 팬들은 나의 실제를 사랑하는 것이 아니라 꾸며진 모습을 사랑하기 때문이다.

연예인의 자아가 유독 강하다면 그 생태계에서 버티기가 힘들 수 있다. 많은 연예인이 안타까운 선택을 하는 건 자신의 강한 자아와 대중이 자신을 바라보는 간극 사이에서 충돌을 버티지 못하기 때문이다. '나는 B인데 대중은 A라고 보거나 나는 A가 싫은데 대중이 원하는 건 A기 때문에 자신의 B를 무너뜨리고 A가 되어야 한다는 것'에서 오는 자괴감이 상당할 것이다. 하나의 자아가 유독 강하면 그 자아를 버리는 고통을 버티기 힘들다.

가수 정세운은 자신의 자아를 상황별로 여러 개 설정하여 하나의 팀으로 조직한다고 말했다. 그걸 일명 '팀 정세운'이라고 부른다. 그는 예능에 나갈 때나 라디오 DJ를 할 때, 노래를 부를 때, 음악을 만들 때 등 상황에 맞춰 자아를 교체한다고 했다. 그는 방송을 하면서 음악도 하기 때문에 정체성이 혼란한 시기가 있을 것이다. 그걸 극복하기 위한 자신만의 방식이 바로 '팀 정세운'인 것이다.

우리는 직장이나 가족 그리고 친구에 따라 자신의 모습이 변한다는 것을 알고 있다. 그렇다고 거기에 '나'가 없는 것은 아니다. 그 또한 나다. 그렇다고 정세운이 사람들에게 가식적인 가면을 쓴 것은 아니다. 그것은 배려다. 그들을 배려하기 위해서 때와 사람에 맞춰 변화할 뿐이다. 작사가 김이나는 정세운의 이러한 태도에 대해서 아래와 같이 코멘트를 한다.[21]

'정세운의 말을 잘못 이해하면 진정성이 없다고 받아들여질 수 있지만 그렇다면 큰 오산이다. 모두에게, 모든 곳에서 온전한 나로서만 존재한다는 건 아주 이기적이어야 가능하다. 배려하기에, 사랑하기에, 책임이 있기에, 히스토리가 있기에 우리는 종종 다른 모습을 한다.'

가장 강력한 자아는 자신을 텅 빈 '제로'로 만드는 상태다. 강한 자아는 늘 자신을 잃어버릴 줄 안다. 자신을 지키기 위해서 상황과 사람에 따라 변화할 수 있고 유연하게 대처할 수 있다는 점은 웬만큼 자아가 강하지 않고서는 그러기가 어렵다. 그렇게 늘 자신을 변화시킬 수 있다는 건 자신에 대한 강력한 믿음이 없다면 힘들기 때문이다. 역설적으로 내가 없다는 건 그 제로의 공간만큼 자신의 강력한 자아가 차있는 거나 다름없다.

예전에 우리 할머니 집에 기르던 강아지 바둑이는 매일 집 밖을 나갔다. 하루, 이틀, 삼일 어떨 때는 1주일이 지나도 돌아오지 않을 때가 있었다. 하지만 할머니는 바둑이를 찾지 않았다. 할머니와 삼촌은 "알아서 찾아온다"라고 말할 뿐이다. 그리고 얼마 지나지 않아 바둑이는 제 발로 집을 찾아왔다. 바둑이가 제 발로 집에 찾아온다는 할머니의 믿음처럼 상황에 따라 나의 자아가 가출을 해도 언젠가 나의 코어는 사라지지 않고 언제나 그 자리에 돌아온다는 믿음만큼 가장 강력한 자아는 없다는 것이다.

그래서 자아를 내가 관리해야 할 소유물로 생각한다면 우리는 점점 힘들어진다. 타의로 내 자아가 손상되거나 빼앗기거나 바뀔 때 우리의 박탈감은 더 커지기 때문이다. 하지만 자아가 단지 소유물이 아니라 그저 존재하는 것이라고 받아들인다면 우리는 그 자아를 한결 유용하게 쓸 수 있다. '나의 중심은 나 자신 안에 있으며 나의 존재 능력, 나의 기본적 힘의 발현 능력은 내 성격 구조의 일부이며, 그것을 좌우하는 것은 나다.'[22]

자신의 자아를 소유가 아닌 그저 존재하는 것으로 받아들인다면, 내 안에 다양한 자아가 부대낄 이유가 없다. 자신 안에 여러 개의 자아가 있다는 건 그만큼 자신에 대한 컨트롤 능력과 메타 인지력이 높다는 방증이다. 타인 때문에 나의 자아가 변화하는 것이 아니라 나 스스로 나를 변화시킬 수 있는 것만큼 나의 강력한 자아를 증명하는 건 없다.

감정은 비싸다

미국의 사회학자인 알리 러셀 혹실드는 1983년도에 처음으로 '감정 노동'이라는 화두를 던졌다. 그 이후 2010년에 한국에서도 그의 저서가 번역되면서 '감정 노동'이 한국 사회에 한때 큰 반향을 일으켰다. 그 당시 88만 원 세대론과 맞물리면서, 인위적인 감정으로 노동해야 하는 현실을 비판하는 소리가 쏟아졌다.

'감정 노동'의 복잡한 사회학적 문제를 차치하고 '감정'을 노동의 관점으로 바라본 점이 시사하는 바가 크다. 그건 바로 감정을 노동의 가치로 계산했다는 점이다. '감정 노동' 이전에는 '감정 서비스'를 그저 노동에 수반된 예의 정도로 치부했다. 그러나 '감정 노동'이라는 개념이 던져지면서 감정을 노동 그 자체로 바라보는 시각이 강해졌다.

이제 감정도 노동이다. 무거운 시멘트를 이고 나르는 육체적 노동과 매일 컴퓨터를 붙잡고 씨름하는 정신적 노동뿐만 아니라 감정도 노동의 선상에서 이해되고 있다. 우리의 감정적 에너지를 화수분처럼 끝없이 퍼서 쓸 수 있는 것이 아니라면 우리가 육체적, 정신적 에너지를 관리하듯 감정도 관리가 필요하다. 그러나 우리는 감정의 쓰임에 관대하다. 불필요하게 감정을 소비하면서 점차 자신의 내면을 복잡하게 만든다.

복잡한 감정을 단순화하기 위해서는 자신이 느끼는 감정이 무엇인지 스스로 알아야 한다. 고(故) 박완서 작가는 '작가는 사물의 이름을 아는 자다'라고 말한 적 있다. 사물의 이름을 아는 순간 그 사물은 다르게 보인다. 이건 감정도 마찬가지다. 내가 느끼는 감정의 이름을 안다면 스스로를 다르게 느낀다.

하지만, 우리는 이런 감정의 스펙트럼을 세밀하게 분광하는 훈련이 덜 되어 있다. 어릴 때부터 우리는 감정을 억제하는 교육을 받았기 때문이다. 화가 나도 참아라, 기뻐도 너무 티 내지 마라, 슬퍼도 울음을 삼켜라 등 감정을 억제하고 컨트롤하는 것이 지혜로운 사람이라고 생각했다. 감정을 쉽게 드러내는 사람은 가볍다고 여겼다.

책《감정 어휘》를 쓴 유선경 작가는 사람들이 자기가 느끼는 감정에 대해서 정확한 답을 못 내리는 이유를 이렇게 설명한다.

우리는 오랫동안 '감정'을 깊숙이 파묻고 '이성'이라는 널빤지로 못을 쳐놓고 살았다. 아무 도움이 되지 않는다고 버려야 한다고까지 세뇌받았다. 감정은 숨기고 다스리고 제어해야 할 작은 악마 같은 취급을 받았다.[23]

감정에는 선악도, 옳고 그름도 없다. 감정은 그저 감정이다. 내가 느끼는 감정에 대해서 그 실체가 무엇인지 판단할 수 없다. 분노와 슬픔은 그른 감정인가? 기쁨과 설렘은 옳은 감정인가? 우리는 그 어떤 잣대로도 자신이 느끼는 감정에 대해서 윤리적인 판단을 할 수 없다. 만약 우리가 감정에는 옳고 그름이 없다는 인식을 전제로 한다면 자유롭게 감정에 대해서 생각할 수 있다.

특히 '슬픔'이라는 감정은 특별하다. 고통스러운 감정에는 드라마틱한 이야기가 담겨 있다. 슬픔은 자기를 되돌아보게 하고 그 속에서 새로운 눈을 번뜩이게 한다. 하지만 '슬픔'이라는 감정은 수많은 스펙트럼으로 갈라진다. 내가 느끼는 이 감정을 단지 '슬픔'이라고 뭉툭하게 본다면 우리는 그 감정에 대해서 보다 자세한 설명을 하기가 힘들다. 자세히 감정을 들여다봐야 정확한 설명을 할 수 있다. 감정 공부가 필요한 것이다. 유선경 작가는 감정의 지식이 필요한 이유를 이렇게 설명한다.

종잡을 수 없는 감정을 이해하고 제대로 이름을 붙여 불러주는 것만으로도 안정을 되찾을 수 있다. 어떻게 대처하고 반응해야 할지 길이 보여서이다. (중략) 죽음, 이별, 희생, 궁핍, 불우함, 학대, 버려짐, 빼앗김, 차별, 소외감, 고립감, 비난, 무시, 굴욕, 수치심, 서러움, 외로움, 부당함, 억울함, 상실감, 무력감, 배신, 시기, 죄책감, 회한, 원망, 고뇌, 혼란, 압박감, 걱정, 고민, 미움, 낙담, 체념, 절망, 비관, 위협, 무서움 그리고 아름다움과 연민, 허무에 이르기까지……. 이 전부를 슬픔이라는 한 가지 감정으로 묶기는 어렵다. 슬픔은 소중한 것을 잃어버렸다는 신호로 위로나 애도가 필요한데 아픔 중에는 그것만으로도 감정을 해소하는 데 충분치 않은 것이 많기 때문이다.[24]

　감정은 정보다. '아픔'이라는 감정은 가장 즉각적으로 정보를 전달한다. 아픔은 그것을 느끼는 당사자에게 가장 많은 정보를 준다. 사랑하는 사람과 이별했을 때, 부모님의 죽음, 혼자라는 외로움, 과거에 대한 후회, 꿈이 좌절되었을 때 등 지금까지 겪어 보지 못한 감정을 겪거나 같은 감정이지만 전혀 다른 상황에서 느끼는 아픔은 그 채도부터 다르다. 즉, 같은 종류의 감정이지만 강도가 다른 것이다. 이 경우에는 전달되는 정보의 양과 나에게 각인되는 깊이가 다르다. 그래서 감정의 강도가 셀수록 하고 싶은 이야기가 많다.

　하지만 우리는 자신이 느끼는 감정의 원인을 알지 못할 때가 많다. '내가 왜 이런 감정을 느끼지?' '이 감정의 원인이 뭐지?'라고 말이다. 자신의 감정만을 들여다보고 분석한다면 그 원인을 찾기 어렵다. 감정의 원인이 된 행동을 파악하면 쉽게 원인을 분석할 수 있다. 배우들의 연기법은 감정의 원인을 파악하는 힌트가 된다.

배우들이 감정 연기를 할 때 그들은 감정 그 자체에 집중하지 않는다. 행동을 통해서 감정을 끌어올린다. 예를 들어, 경쟁자에 대한 복수심이라는 감정을 연기할 때, 아마추어 배우들은 과거에 자신이 겪었던 복수심을 억지로 떠올리면서 연기한다. 하지만 노련한 배우들은 '복수를 행동한다.' 즉, 주먹을 꽉 쥐거나 어금니를 깨물면서 복수심을 연기한다. 감정보다 행동에 집중하면 거기에 맞는 감정은 저절로 느껴지는 것이다. 배우들은 감정을 연기하기 위해 행동을 분석한다. 그럼 반대로, 나에게 불러일으키는 감정을 해부하기 위해서는 감정 앞에 있던 행동을 분석하면 감정의 실체가 뚜렷해진다.

감정의 목소리를 들어야 한다. 감정은 나를 파악할 수 있는 가장 좋은 단서다. 철학자 강신주는 감정에 대해서 이렇게 말한다.[25]

인간은 본질적으로 이성적인 존재일까? 이것은 감정의 강력함에 직면했던 인간의 절망스러운 소망에 지나지 않을 것이다. 한번이라도 자신과 타인을 제대로 응시했다면, 누구나 인간이 이성적이기보다는 감정적이라는 사실을 쉽게 알 수 있다. 사실 이성이 감정보다 먼저 일어나는 경우는 거의 없다. 심지어 이성은 감정을 통제하기 위해 발병된 것이라고 할 수 있다. 그렇지만 이성이 감정을 적대시한다면 언제가 감정의 참혹한 복수 앞에서 자신의 무기력을 인정할 수밖에 없을 것이다.

감정만큼 비싼 게 없다. 그래서 나는 내 감정을 소중히 여긴다. 함부로 누군가에게 내 감정을 낭비하고 싶지 않다. 특히 분노는 더욱 그렇다. 비싼 내 감정을 그런 식으로 쓰고 싶지 않다. 분노가 치밀어 올라도 이런 곳에 내 감정을 쓰는 것이 아깝다는 생각이 들면, 차분히 내 감정과 거리를 둔다. 반대로 좋은 감정은 얼마를 지불하고서라도 사고 싶다. 하지만 그런 감정은 비싸기 때문에 쉽게 느끼기 힘들다. 시간과 노력을 들여야지 느낄 수 있는 것이 기분 좋은 떨림과 같은 감정이다. 감정 때문에 쉽게 상처받고 일희일비한다는 것을 깨닫는 순간, 감정을 소중히 여기게 된다.

평온함이 재미있다

통영의 사량도 지리산을 등산한 적이 있었다. 높이는 397m로 높지는 않았다. 내가 많은 산을 타지 않았지만 사량도 지리산은 지금까지 내가 살면서 올랐던 산 중에 극악이었다. 보통의 산은 오르고 내려가는 패턴이 예측이 된다. 하지만 사량도의 고도는 낮지만 능선을 따라서 이동하는 코스여서 전혀 예측할 수 없었다. 올라갔다가 올라가고 다시 내려가고 올라가고 내려가고 등 패턴이 예상되지 않는다. 이 예측 불허의 패턴이 등산을 힘들게 했다.

그래서 등산하는 사람들이 말하길 산을 오를 때 가장 편한 구간은 내리막이 아니라 평지라고 한다. 나도 사량도 지리산을 등산하면서 찰나의 평지가 나왔을 때 숨통이 트이는 행복감을 느꼈다. 고저 없이 완만하고 평평한 상태, 우리는 그 평평한 순간을 얻기 위해서 오르막을 오르고 내리막에 내려가는 것일지도 모른다. 이런 나의 기질은 내 삶의 방식과도 연관이 있다.

나는 술, 담배, 커피를 하지 않는다. 술, 담배, 커피는 서민들에게 소소한 재미를 주는 마지막 보루다. 그 3가지는 돈 없이도 즐길 수 있다. 300원짜리 자판기 커피를 마실 수 있고 1,300원에 소주 한 잔 기울이며 스트레스를 푸는 사람들도 있고 담배 한 개비로 근심 걱정을 날리는 사람도 있다. 그래서인지 그조차도 하지 않는 나를 신기하게 생각하는 사람도 있다. 나와 가까이 있는 사람도 내가 왜 그런 삶을 사는지 궁금해하기도 한다. 나도 내가 왜 그런지 이유를 모르다가 애나 렘키라는 정신과 의사가 그 대답을 대신해 주었다.

정신의학 의사인 애나 렘키는 책 《도파민네이션》에서 쾌락과 고통은 쌍둥이라고 말한다. 쾌락과 고통의 관계를 시소로 비유했다. 쾌락의 무게가 클수록 쾌락 쪽의 시소는 내려가지만 반대편의 고통은 높이 올라간다는 것이다. 즉 쾌락에 상응하는 고통은 늘 따라온다고 말한다. 그리고 그 고통을 잊기 위해서 다시 쾌락을 추구하다 보면 멀쩡한 뇌도 쉽게 망가진다는 것이다.

정신의학 분석이 아니더라도 사실 우리는 살아가면서 이러한 경험들을 많이 한다. 밤에 기분 좋게 술을 먹었지만 다음날 숙취의 고통에 시달리거나 클럽에서 신나게 놀고 난 다음, 해 뜨는 아침을 맞이했을 때 느끼는 왠지 모를 울적함이 그렇다. 법정 스님은 이러한 중생들의 아이러니를 이미 파악하시고 이런 말씀을 하신 적이 있다.[26] '현대인들의 불행은 모자람에서가 아니라 오히려 넘침에 있음을 알아야 한다. 모자람이 채워지면 고마움과 만족할 줄을 알지만 넘침에는 고마움과 만족이 따르지 않는다'고 말이다. 고통이 크면 조금만 그 무게가 덜어져도 행복감을 느낄 수 있다. 하지만 넘치는 쾌락은 끝없이 추구하게 되고 더 진한 행복이 아니면 행복감을 느낄 수 없게 된다.

그래서 나는 평온한 게 재미있다. 들뜨지도 않고 가라앉지도 않고 그저 평온한 상태를 유지하는 게 나에게 최고의 재미다. 술, 담배, 커피는 내 바이브를 위아래로 요동치게 만든다. 들뜨면 좋지 않냐고 하는 데 기분이 높이 올라간 만큼 떨어질 때는 그만큼 아래로 떨어진다. 그게 반복되면 나만의 평온함을 유지하기 힘들다. 평온함이 유지되지 못하면 결과적으로 재미가 없고 불쾌하다.

어릴 적과 지금 느끼는 행복의 속성은 다르다. 어릴 때는 행복이 설렘, 재미라면 지금은 안도감, 고마움이다. 어릴 때를 생각하면 축구공만 있어도 좋았다. 친구들과 골목 어귀에서 축구만 해도 재미있었다. 5의 에너지만 써도 50의 행복감을 느끼던 시절이었다. 하지만 지금은 비행기를 타고 하와이 정도는 가야지 설렘을 느낄 수 있다. 돈과 시간 등 50의 에너지를 쓰면 70 정도의 행복감을 느낄 수 있게 된 것이다. 따라서, 어릴 때와 비교했을 때 효율적인 행복을 기획하기가 어려워졌다.

나는 어느 정도 나이를 먹고 행복의 정의를 달리했다. 나에게 행복은 평온이다. 즉, 불행하지 않은 상태, 걱정 없는 상태가 곧 나에게 행복이다. 이렇게 정의를 하니 나는 내 방 한구석에서도 행복을 느낄 수 있었다. 아직까지 나의 행복은 설렘과 재미여야 한다고 고집했다면 지금의 나는 아마 불행한 삶이라고 할 수 있다. 어느 날부터 그러한 순간은 급속히 감소했기 때문이다.

평온함은 오롯이 일상을 순도 100%로 마주하게 한다. 일상을 순수하고 액면 그대로 받아들이고 느낄 수 있다는 것은 술, 담배, 커피보다 재밌다. 마음이 평온하면 해 질 녘 석양도 재밌고 집 밖에서 지저귀는 새소리도 재밌고 베란다를 스치는 선선한 바람과 햇살도 재미있다. 그렇기 때문에 삶의 방향은 재미나 쾌락에 있지 않다. 최대한 평온한 상태를 유지하는 것이다. 평온함은 지루함이나 권태가 아니다. 평온함은 일상을 건강하고 순수하게 받아들이는 기반이다. 평온한 상태를 유지할 수 있어야 일상에서 새로운 재미를 발견할 수 있기 때문이다.

사람마다 행복의 정의는 다르다. 행복의 정의에 맞춰 내 삶을 고집하기보다 내가 행복한 상태에 맞춰 행복을 재정의한다면 우리의 삶은 조금 더 자유로워질 것이다.

불편함은 못생겼다

  20대 때 헤어졌던 여자 친구 이야기를 하려고 한다. 나는 군대를 전역하고 영화를 만들고 싶었다. 지금은 없어졌지만 부산에 있던 시네마테크에서 다큐멘터리 제작 강좌를 들었다. 나는 다큐에 대한 다큐라는 주제로 작품을 만들었고 무사히 상영까지 마쳤다. 상영회를 하면서 나는 난생처음 GV라는 것을 했다. 영화를 보여주고 감독인 내가 직접 작품에 대해서 설명하는 자리였다. 나는 같이 다큐멘터리를 만들었던 누나로부터 내 작품을 인상 깊게 봤다는 여자를 그 자리에서 처음 소개받았다.

그 여자는 나보다 2살 연상이었지만 훨씬 어려 보였고 한마디로 말하자면 그냥 예뻤다. 20대 초반의 남자애가 그것 말고 볼 게 뭐가 더 있었겠는가. 그 이후에 몇 번의 만남을 가졌고 그녀와 나는 서로 사귀는 사이가 되었다.

그녀는 동안이었고 얼굴도 예뻤다. 사실, 생각해 보면 나는 그녀의 감각적인 외모에 빠져 그녀와 사귄 것이지 성격이나 품성 혹은 나와 결이 맞는지 여부를 생각하고 사귄 것은 아니었다. 그때의 나는 그런 것들을 생각하고 사귈 성질머리가 되지 못했다. 시간이 조금 지나니 더 이상 그녀의 외모가 내 눈에 들어오지 않았다. 예쁜 외모에서 느꼈던 초반의 설렘이라는 감정이 무뎌졌다. 그리고 곧바로 그녀와 나 사이에는 권태감이 찾아왔다. 그 권태감은 그녀와 나 사이를 불편하게 했다. 고작 30분도 같이 있지 못했다. 이미 바닥난 케첩에 포테이토를 계속 비비면서 시간을 보냈다. 그리고 포테이토를 다 먹고 그녀를 바라봤다. 속으로 생각했다. '이 여자 왜 이렇게 못생겼지?'

초반에 그녀의 아름다운 외모는 사라지고 없었다. 그저 타원형의 얼굴에 눈, 코, 입이라는 도형이 박혀 있을 뿐이었다. 그녀는 그 무미건조한 얼굴로 햄버거를 우걱우걱 씹고 있었다. 결국 나는 그녀와 헤어졌다. 그 뒤로 더 이상 그녀의 소식은 알 수 없었다.

처음에 그녀의 외모는 나의 말초 감각을 자극했다. 그 감각적 자극이 둔화되자 불편함이라는 부정적 기능이 나를 덮쳤다. 그리고 나는 그 부정적 기능을 감각적으로 해석했다. 바로 '불편함(기능)은 추함(감각)'이라고 말이다. 나는 이 연애에서 얻은 교훈을 다음 연애에 적용했다.

그다음에 사귄 여자도 얼굴이 예뻤다. 나는 지난 연애에서 외모적인 설렘이 사라지고 난 후 권태감으로 넘어가기 직전에, 편안함이라는 기능이 솟아오르는 시기가 있음을 깨달았다. 그 시기에 나는 집중했다. 그 편안함이라는 기능을 느꼈다. 편안함이 권태감이라는 부정적인 감정으로 바뀔 때 편안함이라는 기능을 새로운 관점으로 바라보려고 했다. '편안함(기능)은 예쁨(감각)'이라고 말이다. 그저 같이 있을 때 편해진 내 마음에 집중하자 그녀가 예쁘게 보였다.

나의 연애관은 이렇게 업그레이드가 됐다. 처음에는 얼굴만 보던 미(美)라는 감각의 영역에서 편안함이라는 기능의 영역으로 발전했고 그다음은 편안함을 예쁘게 보려는 기능성 감각으로 다시 업그레이드한 것이다. 우리는 편안함을 예쁘게 보지 않는다. 아름다움이라는 감각과 편안함이라는 기능은 분리되어 있다고 생각한다. 하지만 우리는 기능을 통해서 감각을 해석할 수 있고 감각을 통해서 기능을 해석할 수 있다. 감각과 기능은 일맥상통한다. 마치 내가 편안함이라는 기능을 예쁨이라는 감각으로 해석한 것처럼 말이다.

어떤 대상이 추한 이유는 그 대상이 불편성을 내재하고 있거나 내 마음속에 불편함이 도사리고 있기 때문이다. 그럼 우리가 선택할 방법은 두 가지다. 대상이 안고 있는 불편성을 편안하게 수정하거나 내 마음을 편안하게 고쳐먹는 방법이다. 그런데 마음을 고쳐먹는 것이 부처 아니고서야 쉽지 않다. 예를 들어, 나는 뿔이 달린 물컵을 쓴 적이 있다. 그 컵으로 물을 마시면 뿔이 계속 내 눈을 찌른다. 그 컵은 불편하다. 고로 나에게 그 컵은 추한 컵이다. 독일의 철학자 카를 로젠크란츠는 추함이 형성되는 과정을 이렇게 설명한다.

'규칙성과 통일성 사이에는 존재들의 직접적인 다름이, 즉 상이성이 여전히 존재하는 데 이것의 다채로운 다양성은 미적으로 아주 즐거울 수 있다. (중략) 그러나 서로 극단적으로 상이한 존재들이 삭막하게 혼란스러워질 경우에 추로 전환된다. 그런 것들의 덩어리에서 다시금 특정한 부류가 형성되어 나타나지 않으면 그 다양성은 곧 부담스러워진다.'[27]

물을 편안하게 마실 수 있게 하는 물컵의 본질적인 규칙성에서 뿔이 추가되는 것은 재미는 있을 수 있다. 그러나 뿔이라는 다양성은 물컵의 기능을 다하지 못하게 하고 혼란만 부추기므로 그것은 카를 로젠크란츠의 말대로 추로 전환된다. 제아무리 내가 마음을 고쳐 잡고 그 컵을 예쁘게 보려고 해도 실명을 감수하면서까지 그 물컵을 사용할 수는 없다. 내 마음의 아름다움을 위해서는 우선 적극적으로 물컵의 뿔을 자르는 교정 작업이 필수다. 그 대상을 고칠 방법이 없다면 어쩔 수 없으나 고칠 수 있다면 고쳐야 한다. 당신이 도를 닦는 도사가 아니라면 말이다.

불필요한 고통이 제거되었을 때 아름다움은 드러난다. 스티브 잡스가 말한 애플의 미학이 바로 그 경우다. 플라스틱 버튼식 키패드 때문에 앱 환경이 변해도 유연하게 대응할 수 없다. 불필요한 고통이다. 스티브 잡스는 플라스틱 버튼을 멀티 터치 스크린으로 교정했다. 불필요한 고통을 제거한 편안함은 그 자체로 아이폰의 아름다움을 극대화했다. 뿔 달린 물컵이 추함으로 느껴지는 이유는 거기에는 불편함이 있고 아이폰에는 단순한 편안함이 있기 때문에 아름답다. 그래서 아름다움의 본질은 편안함이다. '자유의 모든 감정과 의식이 아름답게 하며 모든 부자유는 추하게 한다는 것이다'[28]라고 카를 로젠크란츠는 말한다. 당신 삶의 아름다운 쾌감을 위해서는 불필요한 고통이 제거된 편안함이 필요하다. 그것이 아름다운 삶이다.

chapter 3

단순함의 6가지 법칙

"난 아주 단순한 사람이야.

내가 코미디를 사랑하는 이유는

해설이 필요 없다는 점이야.

코미디에 관한 비평을 보면 참 재미있어.

'벌써 돈 챙겨서 떠났거든'이라고 말하고 싶거든.

비평가 당신 생각은 상관없다고."

미국 코미디언 -제리 사인펠트-

　기존의 것을 다 때려 부순다고 혁신이 아니다. 혁신은 전제를 바꾸는 것이다. 기존 극단에 있는 기준에서 조금만 옮기면 혁신이 된다.

　애플이 혁신적이었던 이유는 폰이 단지 통화나 문자만 하는 게 아니라 폰이 할 수 있는 전제 기준을 바꿨기 때문이다. 한쪽 극단의 전제 기준을 바꾸면 대상을 바라보는 관점이 달라진다. 혁신은 최극단의 전제 기준을 바꾸는 것이다.

자신의 삶을 혁신하고 싶다면 다르게 자기 삶을 봐야 한다. 다르게 보기 위해서는 기존의 자신을 둘러싼 전제 기준을 다르게 설정해야 한다. 지금 당신이 다른 삶을 살고자 한다면 다르게 볼 수 있는 기준부터 정립해야 한다.

Similarity(유사성)
– 유사성을 파악하면 경제적이다

    헬렌 켈러는 어릴 때 뇌척수막염을 앓고 시력과 청력, 그로 인한 언어 장애를 안았다. 물론 우리가 익히 아는 설리번 선생님을 만나 피나는 노력 끝에 언어 장애는 극복할 수 있었다. 그녀는 삼중고의 장애를 극복하면서 결국 5개 국어를 습득한다. 그뿐만 아니다. 사회 운동가로서 연설하고 글을 쓰면서 어려움이 있는 지역을 찾아가 힘과 용기를 주는 삶을 살았다.

누구나 존경하는 삶을 살았던 헬렌 켈러를 보면서 이런 의문을 가질 수밖에 없다. 그녀는 도대체 어떻게 삼중고의 장애를 극복할 수 있었을까?

그녀에게 남아 있는 감각 기관은 단출했다. 오로지 후각, 촉각, 미각뿐이었다. 그녀는 남들보다 가난한 감각으로 세상을 마주했다. 일반인이 지닌 감각 기관에 비해 그녀의 감각은 확실히 부족했다. 하지만 헬렌 켈러는 자신에게 남아있는 감각 기관을 최대로 활용하여 감각의 지평을 넓힐 수 있었다. 그녀는 말하는 사람의 목에 엄지를 대면서 목의 진동을 느끼고 검지를 입에 대면서 입 모양을 촉각으로 느낄 수 있었다. 이 방법을 통해서 그녀는 결국 말할 수 있게 된다. 그리고 그녀는 말한다. "나는 이제 벙어리가 아니다(I am not dumb now)."[29]

헬렌 켈러는 자신의 부족한 감각을 대체하기 위해서 남들보다 훨씬 뛰어난 유추 능력을 발휘한다. 유추는 유사성을 파악하는 인간의 사고방식이다. 유추 능력을 통해서 자신이 아는 것과 모르는 것 사이의 연결 고리를 만들고 그를 통해 감각의 지평을 점점 넓힐 수 있었다. 헬렌 켈러는 아래와 같이 자신의 유추 능력을 설명한다.

나는 관찰한다, 나는 느낀다, 나는 상상한다……. 나는 셀 수 없을 만큼 다양한 인상과 경험, 개념을 결합한다. 이 가공의 재료를 가지고 내 머릿속에서 하나의 이미지를 만들어 낸다……. 세계의 안과 밖 사이에는 영원히 마르지 않는, 닮은 것들로 가득 찬 바다가 있지 않은가……. 내가 손에 들고 있는 꽃의 신선함은 내가 맛본 갓 딴 사과의 신선함과 닮았다. 나는 이러한 유사성을 이용해서 색에 대한 개념을 확장한다. 내가 표면과 떨림과 맛과 냄새들의 특질에서 이끌어 낸 유사성은 보고 듣고 만져서 찾아낸 유사성과 같은 것이다. 이 사실이 나를 견디게 했고 눈과 손 사이에 놓인 간극에 다리를 놓아 주었다.[30]

헬렌 켈러는 자신의 촉각, 미각, 후각만으로 이 세상의 개념을 공부했다. 그렇게 조금씩 개념을 넓히면서 시각과 청각의 정보를 유추했다. 그녀가 비록 듣지도 보지도 못했지만 5개 국어를 학습하고 글을 쓰면서 다른 사람들을 설득시킬 수 있는 이유는 유추 능력 때문이다. 유추 능력을 통해 그녀는 유사성을 파악할 수 있었다. 유사성은 내가 닮은 점을 찾아 지식을 확장한다는 측면에서 경제적이다. 복잡하게 많은 지식을 알고 있지 않아도 유추 능력이 있으면 충분히 폭넓은 지식을 습득할 수 있다. 그리고 유사성은 지식과 개념을 정리해 주므로 효율적이기도 하다. 바로 범주화가 그것을 가능하게 한다.

인간은 유사성을 활용해 세상을 범주화한다. 세상은 매우 다양한 생명체와 사물이 콩나물시루처럼 빽빽하게 들어서 있다. 문방구에서 펜 한 자루를 사려고 해도 마찬가지다. 펠트펜, 중성 펜, 잉크 펜, 볼펜 등 펜의 종류만 해도 30가지가 넘는다. 만약 우리에게 범주화 능력이 없다면 30가지 종류의 볼펜을 하나씩 인지해야 하는 불상사가 발생한다. 또 길거리를 산책하는 진돗개나 치와와를 봐도 그것을 '강아지'로 범주화를 못 하면 우리는 모든 개의 이름을 인지해야 할 수도 있다. 또, 잔디가 잔디밭이라는 전체로 범주화할 수 없으면 잔디 이파리를 모두 별개로 인지해야 한다. 만약 그렇게 되면 우리는 신경 쇠약에 걸려 오래 살지 못할 게 분명하다.

이렇듯 범주화는 '세상 만물을 유사성을 통해 이 묶음(범주), 저 묶음(범주)으로 구분하여 우리의 정신 활동과 언어 활동을 가능하게 하는 원초적이고 근본적인 분류 작업이다.'[31] 범주화를 하지 않

는다면 복잡한 이 세상을 제대로 살 수 없다.'

복잡할 거 없어 보이는 선사 시대 사람들도 범주화를 했다. 가장 초기에 있었던 인간의 범주화는 '지금(now)'과 '지금이 아닌(not now)'이다.[32] 인간만큼 과거, 현재, 미래를 구분할 수 있는 종은 없다. 그와 더불어 대상의 영속성 또한 선사 시대 사람은 구분할 수 있었다. 즉, 대상이 내 시야에서 사라져도 존재한다는 것을 이해하는 능력이다. 예를 들어, 사슴이 내 눈앞에 있다가 사라져도 우리는 그 이미지를 기억하고 그림을 그릴 수도 있다. 그것이 바로 '여기, 그리고 지금(here and now)'과 '여기와 지금 아님(not here and now)'을 구분하는 능력이다.

이런 인간의 능력은 약 3만 년 전 동굴 벽화에서 찾아볼 수 있다. 동굴 벽화는 여기 '있는' 것과 여기 '있었던 것'의 차이를 보여준다. 여기에 대해 인지 심리학자인 대니얼 J 레비틴은 이렇게 말한다.

이 그림은 분명하게 표현된 시간 감각을 입증해 보인다. 저기 바깥에 사슴이 있었다(물론 지금 이 동굴 벽에는 없다). 지금은 거기에 사슴이 없지만, 아까는 거기에 있었다. 지금과 아까는 다르다. 여기(동굴 벽)는 그저 거기(동굴 앞 초원)를 표상할 뿐이다. 마음을 정리하고 조직화하는 과정 중 선사 시대에 이루어진 이 단계는 대단히 중요하다.[33]

복잡한 현대 사회를 살아가는 우리도 일상생활에서 유사성을 기반으로 한 범주화 사고를 한다. 예를 들어, 당장 처리해야 할 일과 중요하지만 나중에 처리해도 되는 일 그리고 중요하지 않고 나중에 처리해도 되는 일이 바로 그것이다. 이 3가지 범주에 맞는 유사한 속성의 일끼리 분류하여 정리한다. 이러한 분류를 '능동적 분류(active sorting)'라고 한다.

능동적 분류를 할 때의 원칙은 '정리의 부담을 뇌가 아닌 외부 세계로 넘기는 것'이다.[34] 만약 우리가 뇌가 할 정리를 물질세계로 넘길 수 있으면 까먹거나 실수할 가능성은 줄어든다. 내가 필요한 정보는 머릿속이 아니라 내가 분류한 파일 폴더에 있다면 그 부담이 훨씬 덜할 수 있다. 이것을 인지 심리학자는 '깁슨 행동 유도성(Gibsonian affordances)'라고 한다. 이것이 실생활에 적용되는 경우의 대표적인 예는 여닫이문과 미닫이문이다.

여닫이문은 문틀에 홈이 파여 있어서 그걸 보면 옆으로 여는 행동 방식을 유도한다는 것을 알 수 있다. 반대로 미닫이문은 손잡이가 문밖에 나와 있어서 문을 밀고 닫는 방식임을 알 수 있다. 이렇게 물질을 통해서 기억과 행동을 직관적으로 유도한다. 그래서 우리는 문을 여는 방식을 일일이 기억하지 않아도 된다.

따라서, 유사성을 파악할 수 있는 능력이 있다면 범주화를 할 수 있다. 이것은 세상을 누구보다 더 정돈된 상태로 맞이할 수 있다는 뜻이다. 단순함을 위해서는 유사성을 찾는 능력이 꼭 필요하다.

Ignore (무시)
– 그냥 모르는 척, 보지 못한 척

나는 《카피의 기술》이라는 책을 썼다. 카피라이팅을 하는 방법을 알려주는 책이다. 그럼 사람들은 내 직업을 전문 카피라이터라고 생각하겠지만 아니다. 엄밀히 말하면 내 직업은 마케터다. 요즘 마케터도 광고 문안을 쓴다. 하지만 아직까지 카피는 카피라이터가 쓰는 일이라고 생각하는 사람이 많다. 그래서인지 나는 사람들이 내가 쓴 책을 신뢰할 수 있을지 걱정이었다. 나조차도 내가 카피라이팅 책을 잘 쓸 수 있을지 염려가 이만저만이 아니었기 때문이다. 이런 걱정을 잠재운 것은 내가 중학교 때 겪은 사건 때문이었다.

나는 중학교 때 수학 점수가 60~70점을 왔다 갔다 하는 수준의 학생이었다. 한마디로 수학을 못 했다. 내 앞자리에 있던 친구는 영어와 국어는 80~90점을 맞았지만 수학은 거의 30~40점에 불과했다. 그 친구와 나는 친한 편은 아니었지만 같은 동네에 살고 있다는 사실은 서로 알고 있었다.

그날은 중간고사 시험 기간이었다. 나는 독서실에서 시험공부를 하고 있었다. 그런데 독서실 어둠 속에서 그 친구의 하얀 얼굴이 쓱 나타났다. 그러면서 "이 수학 문제 어떻게 푸는 거냐?"라고 묻는 것이었다. 내가 학교 다닐 때는 점수가 다 매겨지면 과목 선생님이 반마다 찾아와서 점수 결과 쪽지를 게시판에 붙이고 가셨다. 그러면 우리는 우르르 몰려가 자기 시험 점수가 몇 점인지 체크했다. 그 말은 즉, 그 친구도 내 점수를 확인할 수 있다는 말이었다. 그렇기 때문에 그 친구는 내가 수학 점수가 60점에 불과하다는 사실을 모를 리 없었다. 그럼에도 걔는 나에게 수학 문제를 물었다.

나는 그 친구에게 "야, 나 수학 못해. 이런 거 묻지 마. 스트레스

받으니까."라고 대답했다. 그러자 그 친구는 "그래도 나보다는 잘하면서."라고 말하며 수학 문제 푸는 방법을 알려 달라고 했다. 나는 어쩔 수 없이 그 친구가 가지고 온 문제를 봤는데 정말 기초적인 문제였다. 나는 안도의 숨을 쉬고 "너는 이것도 못 푸냐?"라고 핀잔 한번 주고 푸는 방법을 알려줬다. 2학기 기말고사 될 때쯤, 그 친구는 나보다 훨씬 더 수학을 잘하게 되었다. 내가 그때 수학을 알려줬기 때문인지도 모르겠다. 조금 영향은 있지 않을까 생각도 든다.

내가 갑자기 이 숨겨진 기억을 떠올리게 된 건 이유가 있다. 그건 바로 전문성은 상대적이라는 사실을, 그 기억을 통해 깨달았기 때문이다. 나도 유치원생 앞에서는 수학 전문가다. 하지만 많은 사람들은 전문성의 신화 앞에서 좌절한다. '나 따위가 무슨', '쥐뿔도 모르는 내가 뭘 가르친다는 거야'라고 생각한다. 하지만 수학 점수가 60점이었던 내가 30점짜리 친구를 가르쳤고 그 친구의 점수가 올랐다는 것은 도대체 어떻게 설명할 것인가.

이렇게 생각을 정리하자 나는 마케터가 카피라이팅 책을 쓰는 것에 대한 우려를 무시하기로 했다. '내가 B급 카피라이터라면 C급, D급인 사람들을 가르칠 수 있지 않은가'라고 말이다.

이런 생각까지 치닫자 '내가 과연 카피라이팅 책을 잘 쓸 수 있을까?'라는 스스로에 대한 우려도 무시하기로 했다. 내가 쓴 원고가 좋다면 출판사가 출간을 해줄 것이고 그렇지 않다면 어차피 출간은 어려울 것이다.

나는 25군데의 출판사에 원고를 투고하였고 그중에 5군데 출판사에서 출간을 하고 싶다는 연락을 받았다. 나는 결국 내 원고를 출판할 수 있었다. 내가 미리 걱정한 것도 웃긴 일이 되어 버렸다. 마크 맨슨은 "신경을 끈다는 건 삶에서 가장 무섭고 어려운 도전을 내려다보며 아무렇지 않게 행동에 나서는 것이다"[35]라고 했다. 이 말을 생각해 보면 신경 끄고 무시한다는 건 대단한 용기가 필요한 일이기도 하다.

우리가 번지 점프대에 올라왔다고 해보자. 번지 점프에 성공하는 방법은 매우 간단하다. 첫째, 몸에 줄을 묶는다. 둘째, 뛰어내린다. 끝. 그러면 번지 점프대 밑에 있던 친구들은 잘했다고, 번지 점프에 성공했다고 환호성과 박수를 보낸다. 어떻게 보면 어이없지 않은가. 그냥 몸에 줄을 묶고 뛰어내렸을 뿐인데 사람들은 성공했다고 칭찬한다.

대부분의 사람은 40m 높이의 공포를 무시하지 못한다. 그 공포를 온전히 느끼며 걱정한다. 하지만 번지 점프에 성공하는 사람은 40m 높이의 공포를 무시한다. 더 정확히 말하면 극도의 공포 감을 느끼지만 그것을 무시하기로 마음먹은 것이다. 이것이 얼마나 위대한 스킬인지 사람들은 은연중에 안다. 그래서 사람들은 번지 점프에 성공한 사람에게 박수를 보내주는 것이다. 멋지게 텀블링하 거나 720도 회전하면서 번지 점프 하는 것이 기술이 아니다. 뻣뻣 하게 경직된 자세로 눈물을 찔끔거리며 팬티에 오줌을 살짝 지리고 엉엉 울며 뛰어내려도 우리는 그 사람들을 성공했다고 한다. 그들 은 공포를 무시하는 최고의 기술을 보여줬기 때문이다.

무시하기는 삶을 단순하게 살기 위한 법칙 중 하나다. 나에게 필요한 것과 필요하지 않은 것, 중요한 것과 중요하지 않은 것 중 선 별하여 무시하는 것은 불필요한 에너지 유출을 막는 방법으로는 최고다. 우리는 쓸 데 있는 것에 에너지를 쓰고 쓸데없는 것은 무시 해야 한다. 무엇에 자신의 신경 에너지를 집중할지가 중요하다. 메 탈리카의 드러머인 라스 울리히의 사례는 그런 면에서 바람직한 무 시가 무엇인지 보여준다.

메탈리카는 현존하는 세계 최고의 메탈 밴드다. 그리고 메탈리카의 드러머인 라스 울리히는 세계 최악의 드러머라는 평을 받고 있다. 그가 얼마나 드럼을 못 치는지를 보여주는 사례와 영상은 매우 많다. 이미 메탈 팬들 사이에서 라스의 드럼 실력을 조롱하는 Lars Fail 밈 영상도 만들어질 정도다. 그는 곡을 연주하면서 박자가 제멋대로인 경우가 허다하다. 워낙에 박자가 자주 나가서 연주 도중 기타리스트와 베이시스트가 동시에 어리둥절해하며 드럼을 쳐다보는 경우도 적지 않다. 그의 엉망진창 드럼 실력이 가장 큰 조롱거리가 된 사건은 일명 기타 히어로 참사다. 기타 히어로는 기타 연주용 음악 게임이다. 기타판 펌프 게임이라고 이해하면 된다.

기타 히어로는 메탈리카 곡을 모은 버전을 출시하기 위해 라스의 드러밍 모션을 따려고 했다. 기타 히어로는 그에게 라스 본인이 만든 메탈리카의 「The Shortest Straw」 곡을 연주하게 한다. 이 노래가 89년도에 나왔고 못 해도 수십 번 연주했겠지만 그는 시작부터 실패한다. 박자를 몇 번 세고 들어가야 할지 도무지 감을 잡지 못해서 테이크를 5번 이상 가도 카운트를 놓치는 모습을 보여줬다. 6번째는 인트로까지 무사히 통과하고 게임을 끝냈지만 '실패, 다시 도전하세요'라는 결과를 받았다. 이 영상은 메탈 팬들 사이에서도 워낙 유명해서 역시 라스의 드럼 실력은 어쩔 수 없다는 반응이 끊이지 않았고 한편에서는 그런 라스를 측은해하는 팬들도 있을 정도였다.[36] 하지만 기억하자. 그는 1983년도에 데뷔해서 단 한 번도 메탈리카에서 이탈하지 않고 지금까지 약 1억 장의 앨범을 판매한 밴드의 리더라는 사실을 말이다. 그는 과연 어떻게 세계 최고의 밴드에서 세계 최악의 드러머라는 오명을 받으면서까지 자리를 지킬 수 있었을까? 다음의 라스 인터뷰를 보자.

저는 한 번도 드럼 레슨을 받아 본 적이 없어요. 저는 그냥 다이아몬드헤드나 모터헤드가 되고 싶었어요. 그렇게 하려면 드럼을 배워야 하지 않냐는 거였어요. 그러니까 제 말은 메탈리카의 시작은 거의 뭐 가라오케 밴드나 다름없었어요. 제임스와 저는 그냥 앉아서 DIAMOND HEAD를 따라 연주했어요. 그러다가, 갑자기 '와! 이게 되긴 되네?'라는 느낌이 들었어요. (중략) 그래서 저는 정말 멋진 조 새트리아니의 친구 중 한 명에게 드럼 레슨을 받았어요. (중략) 'Justice' 4집 앨범이 정점에 달했을 때는 제 능력을 보여줄 것을 강요받는 느낌이었어요. (중략) 처음에는 슬레이어의 데이브 람브라도

처럼 내 모든 것을 바쳐서 발전하려고 그 미친 짓을 했죠. (중략) 하지만 1년, 2년 정도 지난 후 저는 리프를 서포트하면서 곡을 위해서 가장 최선의 일을 하기로 했어요. 그게 저에게 흥미로운 일이었어요. (중략) 데이브 람브라도는 데이브 람브라도가 되는 것이고 저는 그냥 제 일을 하는 것입니다.[37]

라스 울리히는 슬레이어의 데이브 람브라도와 같은 동료 드러머보다 부족한 테크닉을 인정했다. 그렇다고 그들처럼 테크닉을 끌어올리기보다 자신이 잘할 수 있는 것에 집중하기로 마음을 고쳐먹었다. 한마디로, 세계 최고 밴드라는 이름에 걸맞게 최고의 드러머가 되어야겠다는 생각은 일찍이 무시하고 메탈리카의 곡에서 자기가 무엇을 할 수 있을지 집중한 것이다.

그는 사실 메탈리카에서 드럼만 못 치고 다 잘하는 멀티 플레이어다. 메탈리카의 대부분의 명곡을 작곡했고 탁월한 프로듀싱 능력을 보였으며 언론 인터뷰는 본인이 직접 마이크를 잡고 대응하면서 다른 멤버에 비해 커뮤니케이션 감각도 남달랐다. 메탈리카를 결성시키고 여기까지 오기 위해서 라스 울리히가 없었다면 사실상 불가능했다고 봐도 과언이 아니다.

만약 라스가 자신의 부족한 드럼 실력에 괴로워하며 끊임없이 동료 드러머와 자신을 비교했다면 어땠을까? 그는 그 고통 속에서 헤어 나오지 못해 일찍이 메탈리카는 해산했을 수도 있다. 무언가를 무시한다는 것은 다른 무언가를 선택한다는 뜻이다. 그 선택이 자신의 삶을 효율 있게 만들어야 한다. 무시의 목적은 거기에 있다. 무시는 내가 중요하게 생각하는 것에 더 집중할 수 있게 한다. 무시는 곧 집중이다.

Minimum(최소한)
– 미니멀은 상식이다

내가 부산에서 안양으로 독립하면서 들고 온 것은 캐리어 한 개였다. 나는 안양중앙시장 근처에 있는 36만 원 고시텔에 터를 잡았다. 1월, 한겨울에 올라왔기 때문에 캐리어는 두툼한 옷가지로 인해 빵빵했다. 나는 캐리어에 있는 짐을 하나씩 풀었다. 코트와 점퍼는 침대 위 세로로 길게 뻗은 봉에 걸었다. 침대에 누우니 코트가 내 눈앞에 아른거렸다. 내가 들고 온 것은 노트북과 몇 개의 겨울

옷이 전부였다. 짐을 다 풀어도 내 방은 안락했다. 이 정도면 여기서 3년은 거뜬히 더 살 수 있을 것 같았다.

하지만, 나는 처음 입사한 회사에서 9개월 만에 해고를 당했다. 청년 인턴제로 6개월 동안 나를 고용했지만 6개월이 지나고 정직원으로 전환하기에는 회사가 부담을 느꼈던 것이다. 나는 해고로 인한 실업 급여라도 받고 싶었지만 회사는 실업 급여 신청을 거절했다. 같이 일하던 팀장님은 그런 내가 측은했는지 업무 시간에 미팅을 핑계로 내가 다른 회사에 면접을 볼 수 있게 시간을 주셨다.

결국, 나는 신림동 녹두거리 고시촌에 있는 원룸에 두 번째 둥지를 틀었다. 원룸은 당신이 한국 청년 주거 실태 보도에서 흔히 보던 4~5평 남짓의 원룸, 그 이상 그 이하도 아니었다. 이사하는 날, 계약을 도와준 공인 중개사는 새집까지 나를 데려다주겠다며 공인 중개소 앞에서 만나자고 했다. 캐리어 하나에 백팩을 지고 온 나를 보고 공인 중개사는 짐이 그게 전부냐고 물었다. 나는 머쓱하게 그렇다고 대답을 했다. 공인 중개사의 모닝 자동차에 내 짐은 가뿐하게 실렸다. 나는 공인 중개사와 서울 살이에 대해서 이런저런 이야기를 하며 새집으로 갔다.

새로운 원룸에 내 짐을 풀었다. 고시텔보다 방은 살짝 더 넓었다. 작은 창문도 있었다. 짐을 다 풀어도 그때 내 방은 베르사유 궁전의 정원보다 훨씬 더 넓게 느껴졌다. 나는 그 이후 돈을 조금씩 모으면서 역세권으로, 평수도 늘리면서 이사를 전전했다. 이상하게도 나는 한곳에 오래 정착하지 못하고 6번의 이사를 했다. 이사하는 것이 좋았다. 이러한 나의 이사 행태를 보고 내 친구는 뭔가 독특한 재미를 느꼈는지 웹툰으로 그리기도 했다.[38] 단출한 짐을 가뿐하게 싸고 새로운 둥지로 이사하는 것이 나에게는 또 다른 활력을 주었다.

무라카미 하루키도 나와 비슷한 생각으로 이사하는 것을 좋아하는 듯하다. 그가 왜 이사를 좋아하는지는 아래와 같이 설명하고 있는데 내가 느꼈던 감정과 비슷하다.

이사의 미덕은 모든 것을 '제로화'시킬 수 있다는 점이다. 동네 사람들과의 사귐, 인간관계, 그 밖의 여러 가지 일상생활에서의 잡다한 일, 그런 모든 것이 한순간에 휑하니 소멸해 버린다. 그럴 때 맛보는 쾌감은 한번 익히고 나면 평생 잊어버릴 수 없다. 내 친구 중에 마작을 하다가 자기가 내준 패 덕분에 상대방이 점수를 올리게 되면 '에이, 전부 때려 부숴!' 하면서 탁자를 걷어차 버리는 작자가 있는데, 기분학상으로 그 행위와 비슷하다. 야반도주야말로 이사의 기본적 원형이다.[39]

하루키처럼 최소한의 도구로 홀쩍 떠나며 생활하는 것이 좋았던 나에게, 결혼은 새로운 갈등이었다. 나는 최소한의 물건만 두고 싶었지만 와이프는 여기저기 집을 꾸미고 싶어 했다. 나는 자취할 때 화장실 슬리퍼도 사용하지 않았다. 와이프에게 "왜 화장실 슬리퍼를 사?"라고 물으니까 아연실색하며 "당연히 사야 하는 거 아냐?"라고 반문했다. 와이프가 거실에 카펫을 깔자고 하면 나는 "굳이? 먼지 끼는 데 그냥 맨바닥이 청소하기 좋지 않아?"라고 하면 어이없다는 듯이 나를 봤다. 와이프가 거실에 커튼을 달자고 하면 "먼지 날리는 데 커튼? 커튼 달면 답답해 보이지 않을까?" 이런 실랑이가 늘 발생했다.

나와 와이프는 서로를 이해하는 선에서 합의를 했다. 그 합의의 원칙은 이거다. 기능을 주는 물건은 사도 되지만 데코레이션 류의 인테리어 소품은 사지 않는 것이다. 예를 들어, 커튼은 좋지만 커튼을 꾸미는 레이스 같은 소품은 사지 않기다. 또 예쁘다는 이유로 같은 기능의 물건을 여러 개 사지 않기다. 즉, 그릇이 있는데 그릇이 예쁘다고 또 다른 그릇을 사지 않는 식이다.

내 친구에게 이런 원칙을 말하니 "아름다움이 주는 기쁨이 있는데 삭막하다. 제수씨가 불쌍하다"라며 나를 핀잔하기도 했다. 하지만 적어도 나는 최소한 물건과 최대한 공간이 주는 아름다움이 나에게 더 크게 와닿았다. 물건이 적으니 공간이 투명하게 잘 드러나서 미학적으로 더 좋았다. 그렇다고 무조건 물건을 사지 말자고 와이프에게 하지 않았다. 필요한 물건은 사는 것이 맞다고 생각한다.

최소한의 삶이 무조건 집 안을 텅텅 비우는 것은 아니다. 필요한 건 사고 필요하지 않으면 버리는 것이 바로 미니멈(minimum)이다. 필요하지 않은데 굳이 모시고 있을 이유가 없다. 방점은 필요하지 않은 것을 버리는 데 있다. 자기가 무엇이 필요하고 필요 없는지 알아야 한다. 버리지 못하는 사람들은 입버릇처럼 말한다. "혹시 나중에 필요할 수도 있지 않을까?" 그런 사람들은 현재를 살고 있는 게 아니라 오지도 않을 미래를 살고 있다. 혹시 나중에 필요할 수도 있다고? 그러면 그때 또 사면 된다. 그들은 필요할지 안 할지도 모를 물건에 쌓여 현재를 무겁게 살고 있다.

최소한의 삶은 선택이다. 무엇을 두고 무엇을 버릴지를 선택하는 게 아니라, 현재를 살 것인지 미래를 살 것인지를 선택하는 것이다. 현재를 선택한다면 지금 필요하지 않은 물건은 모두 버릴 수 있다. 미래를 선택한다면 버리는 건 요원하다. 맥시멀리즘은 현재가 아닌 미래를 선택한 사람들의 라이프 스타일이다. 우리 앞에 높인 건 버리거나 사야 할 물건이 아니라 현재 or 미래라는 시제다.

자신에게 가장 중요한 것만 남기는 선택은 당신의 삶을 축소시키는 것이 아니라 더 풍요롭게 한다. 만약 그것을 깨닫는다면 당신은 아직 오지 않을 미래를 불안해하며 현재를 무겁게 살지 않아도 된다. 오히려 가벼운 현재의 무게만 짊어지고 미래를 향해 가벼운 발걸음을 내디딜 수 있다.

Present(현재)
– 단순함의 시제는 현재다

　우리는 과거에 연연하고 미래를 불안해한다. '그때 삼성전자 주식을 샀어야 했는데'와 '삼성전자도 혹시 나중에 더 떨어지는 거 아냐?'라는 미련과 걱정을 동시에 안고 현재를 살아간다. 생각해 보면 얼마나 바보 같은지 모른다. 과거에 발목을 잡히고 다가올 미래를 불안해하며 아까운 현재를 낭비한다.

　영국의 록 밴드 오아시스의 노엘 갤러거는 「Don't look back in

anger」이라는 노래를 부르며 말한다. '지난 일에 화내지 마'라고 말이다. 실제로 노엘 갤러거는 어린 시절 아버지의 폭력 때문에 말까지 더듬는 불안 장애를 겪었다고 한다. 하지만 그의 음악은 유년 시절과 달리 어둡지 않다. 멜로디는 쾌활하고 사운드는 풍성하다. 그는 불우한 어린 시절을 보내며 희망도 꿈도 없던 아이가 어떻게 이렇게 큰 성공을 거둘 수 있었는지에 대한 질문에 이렇게 답한다.

어릴 때를 생각해 보면 동네 애들이나 같이 놀던 친구들을 봐도 제어린 시절이 남들과 별 다를 바 없었어요. 근데 80년대 와서 아빠나 주변 사람들이 실업 수당을 받는 거 보니까 '아빠도 직업이 없는 마당에 우리가 뭘 하겠어?'라는 좌절감도 들고 큰 기대도 없었지만 그런 이야기를 단 한 번도 노래로 쓰지는 않았어요. 제 노래는 지금까지 항상 긍정적인 내용이에요. 인생은 언제나 재미있어지거든요. 이상하게 들릴 수도 있는데 매일 아침 일어나서 드는 생각은 '오늘 좋은 일이 생길지도 몰라.'였지 단 하루도 기분 나쁜 생각은 안 했어요. 지금도 그렇고요.[40]

노엘은 불우한 과거에 발목 잡히지 않았다. 그는 과거에 연연하지 않는다. 즐거운 오늘만 생각하며 현재를 기대한다. 과거에 영향을 받지 않는 사람들은 자신의 과거를 정리하는 습관이 있다. '이 과거는 딱 여기까지' 일단락한다는 느낌이 강하고 매듭을 확실히 져서 그 과거가 현재로 스멀스멀 새지 않도록 단도리 한다. 과거에 갇혀 자기 연민에 빠지지도 않고 과거의 기억을 쓸데없이 부풀리지도 않는다. 확실히 매듭짓고 그저 현재를 다시 살아갈 뿐이다.

과거에 영향을 받는 사람들은 현재를 이해하기 위한 답을 과거에서 찾으려고 한다. 현재는 과거의 결과라는 생각이 강하다. 과거와 현재는 이어져 있다는 선형적 사고에 빠져 있다. 지금의 문제를 과거 탓으로 돌리며 이미 공소권이 없는 과거에게 돌팔매질한다. 이미 죽은 사람에게 분풀이하고 넋두리하는 꼴이다.

내가 28살 때 대학 동기를 통해 어쩌다가 알게 된 여자가 있었다. 나는 그 여자의 논문 주제에 대해 피드백을 준 것을 계기로 같이 밥을 먹었다. 술이 한 잔 두 잔 들어가자 여자는 어린 시절 아버지로부터 받은 학대부터 시작한 불행을 적나라하게 내게 말했다. 나는 술을 안 먹었기 때문에 맨 정신에 그 이야기를 듣는 게 곤욕이었다.

처음에는 '이 여자가 왜 이 이야기를 나에게 하는 걸까?'라는 생각을 했다. 나는 도저히 그 여자가 말하는 중에 "말씀 중에 죄송하지만 이제 그만 일어나 봐야 하지 않아요?"라고 말할 수 없었다. 그렇게 말했다면 아마 나는 공감 능력 제로의 소시오패스가 될 것이 뻔했기 때문이다. 나는 어쩔 수 없이 터져 나오는 하품을 속으로 삼키며 고개를 주억거렸다. 술집 직원이 이제 문을 닫아야 한다고 말하지 않았다면 아마 밤새도록 자신의 불행사를 말했을 것이다.

냉정하게 말해서 대부분의 사람은 당신의 과거에 관심이 없다. 지금 당신의 모습에만 관심을 가질 뿐이다. 물론 현재를 이해하기 위해서는 과거를 알아야 할 필요도 있다. 하지만 대부분의 사람은 인류학자가 아니다. 그렇게 깊은 탐구 정신을 가지고 당신을 들여다보지 않는다. 당신과 연인 정도의 깊은 관계가 아니라면 당신이 과거에 무엇을 했고 어떤 일을 했는지 굳이 따져 묻지 않는다는 뜻이다.

과거에 대한 연민은 권력이다. 그 연민은 지금 당신을 통째로 뒤흔들 힘이 있다. 그뿐만 아니라, 그것은 타인에게도 마찬가지다. 나는 그 여자가 자신의 불행사를 말할 때, "이제 그런 칙칙한 이야기 그만하고 일어나죠"라는 말 한마디 할 수 없었다. 자신의 내밀한 부분을 꺼내어 드러내는 여자에게 그런 매정한 말을 하기는 쉽지 않다.

불행한 사람들끼리 모인 술자리에서는 꼭 불행 배틀이 시작된다. '내가 더 불행했니, 네가 더 불행했니'로 싸운다. 불행하지 못해서 안달 난 사람처럼 자신의 불행을 영혼까지 끌어와서 싸운다. 이 술자리에서 내가 최고로 불행한 인간이 되어야 한다고 아득바득 싸운다. 아이러니하게도 자신이 최고로 불행한 인간이 되는 것에서 오는 안정감이라는 게 있는 듯하다. 과거의 불행에게 지금의 처지를 떠넘기면 현재가 편해진다. '과거가 불행했기 때문에 지금 이 처지는 어쩔 수 없지'로 정신 승리한다.

불행을 권력화하면 그 불행은 실제 불행보다 더 과장되고 점점 커져서 자신을 잡아먹는다. 그리고 그것에 맛 들이면 삶은 플러스로 뻗기보다 마이너스로 거침없이 치닫는다. 어느 순간이 되면 불행의 고리를 끊어야 한다. 그 불행을 통해서 앞으로 나아가는 발판이 될 수 있지만 거기에 종속된다면 삶은 끝없는 악순환에 빠질 수밖에 없다.

예전에 폰을 쓰다가 새로운 앱을 설치하려는데 저장 공간이 부족하다는 메시지를 받은 적 있다. 안 쓰는 앱을 지우고 최적화를 해도 깔리지 않아 갤러리에 있는 불필요한 사진들을 지웠지만 앱은 깔리지 않았다. 다시 갤러리로 들어가 정말 나에게 필요 없는 사진이 무엇인지 과거부터 최근까지 살폈다. 엄밀히 말해 나에게 필요 없는 추억은 무엇일까를 선택하는 과정이었다.

이것은 마치 카카오톡 친구를 정리하는 것과 같다. 이러저러한 사소한 비즈니스로 번호를 교환하다 카카오톡 친구로 등록된 경우 1순위 삭제 대상이다. 예를 들어, 택배 아저씨가 내 카카오톡 목록에 있을 필요는 없지 않은가? 그리고 앞으로 볼 일도, 연락할 일도 없으며 연락이 와도 내가 받지 않을 사람들도 굳이 내 카카오톡 목록에 있지 않아도 된다.

하지만, 지우기에 미련이 남는 친구들도 있다. 그 친구가 나에게 먼저 연락할 일도 없고 나도 그 친구에게 먼저 연락할 일도 없지만 프로필로 그 친구의 근황을 훔쳐보고 싶은 친구다. 갤러리에 저장된 사진을 지우는 것도 마찬가지다. 이 사진은 내 인생에서 좋은 추억이 될 거라고 찍은 사진들이 있다. 지금 와서 보면 그저 신기루 같다. 과연 그때는 미래의 내가 무미건조한 감정으로 이 사진을 들여다볼 거라고 예상했을까?

나는 요즘 트렌디하다는 앱을 깔기 위해서 내 과거를 지불했다. 나는 현재를 살 것이고 그 현재도 삭제될 것이라는 사실을 안다. 과거로부터 누적된 현재를 살다 보면 현재가 너무 무겁고 버겁게 느껴질 때가 있다. 마치 용량이 꽉 찬 내 폰처럼 말이다. 그때는 과거를 정리하고 떨쳐내야 한다.

　과거를 후회하지 않는 법은 최선을 다해 현재를 행복하게 사는 것이다. 현재를 불행하다고 생각한다면 과거에 아무리 잘 나갔어도 과거를 후회할 수밖에 없다. 반대로, 불행한 과거였지만 현재가 행복하다면 불행했던 과거 또한 그저 웃어넘길 수 있는 기억이 된다.

　나보다 인기 좋고 학벌도 좋고 똑똑하고 돈도 많았던 친구가 있었다. 그 친구의 과거는 나와 비교했을 때 월등히 나은 과거였다. 하지만 그는 분명히 나보다 나은 성취를 보였지만 과거를 후회한다. 그 친구는 현재를 불행하다고 생각한다. '그때 그러지 않았더라면', '그때 조금 더 신경을 썼더라면', '그때 그런 선택을 하지 않았다면' 등 그 친구의 현재가 무너져 버린 이유는 그 성취를 좀먹는 생활 습관과 태도에서 기인한다. 기껏 쌓아 올린 성취는 무분별한 생활 습관으로 서서히 좀먹다가 어느 순간에 와르르 무너져 버린 것이다.

우리는 과거를 후회할 때 늘 이렇게 말한다. '그때 삼성전자를 샀어야 했어', '그때 그 여자를 잡았어야 했어' 하지만 현재를 서서히 병들게 하는 건 눈에 보이는 선택이 아니다. 선택의 기저에 있는 삶의 태도와 생활 습관이다. 우리는 그런 걸 후회하지 않고 가시적인 선택의 결과만을 후회한다. 그런 태도와 습관들이 자잘한 실수를 만들고 그 실수가 스텝을 꼬이게 하고 꼬여 버린 실타래는 점점 커져서 현재에 와서는 이 실을 잘라내지 않으면 앞으로 나아갈 수 없게 발목을 잡는다.

현재의 답은 현재에 있다. 지금의 문제를 해결할 수 있는 사람은 지금의 나지 과거의 나가 아니다. 존재하지 않는 과거를 현재로 소환한다고 해서 문제는 해결되지 않는다. 과거는 힘이 없다. 하지만 현재는 현재와 미래뿐만 아니라 과거도 바꿀 수 있다. 지금의 나가 과거를 어떻게 바라보냐에 따라 과거는 바뀐다. 현재는 힘이 세다.

Labeling(축약)
– 라벨링은 프로세스를 간소화한다

모든 상품에는 라벨이 있다. 서점에 가서 책을 구경한다고 해보자. 우리는 300페이지 책을 일일이 읽지 않아도 된다. 책 표지에 있는 제목만 보면 그 책이 어떤 내용을 담고 있는지 알 수 있기 때문이다. 통조림을 사러 갈 때도 라벨이 있지 않으면 우리는 통조림 따개로 다 따봐야 어떤 상품인지 알 수 있다. 어떤 제품인지 요약된 라벨이 통조림에 붙어 있기 때문에 우리는 번거로운 절차를 거치지 않아도 된다.

라벨은 물리적 속성을 언어로 변환하여 소비자가 단번에 쉽게 이해할 수 있게 한다. 망고 캔과 파인애플 캔은 얼핏 보면 쉽게 구분되지 않는다. 하지만 '망고', '파인애플'과 같이 언어로 명시하면 우리는 그 캔에 든 내용물이 무엇인지 일일이 맛보지 않아도 바로 알 수 있다. 따라서 가장 효과적인 요약은 정보의 양을 압축하는 것이 아니라 정보의 감각적 모드를 수용자가 이해하기 쉽게 변환시키는 것이다. 망고와 파인애플의 비슷한 시각적 요소를 언어라는 감각 모드로 변환시켜 쉽게 구분한 것처럼 말이다.

우리에게 축약이 필요한 이유는 세상의 정보가 너무 많고 복잡해졌기 때문이다. 인간의 뇌는 이 많은 정보를 저장하기에는 그리 훌륭하지 않다. 인간의 뇌는 특정한 유형의 정보만을 저장하고 처리하도록 적응[41]했기 때문이다. 고대 수렵 채집인들은 이 버섯이 독이 있느냐 없느냐, 이 친구와 저 친구의 사이가 좋으냐, 나쁘냐 등 식물학, 동물학, 지형학, 사회학의 정보를 저장하면 됐다.

하지만 농업 혁명 이후, 사회가 복잡해지면서 새로운 종류의 정보가 중요해졌다. 그것이 바로 '숫자'다. 수렵 채집인은 많은 숫자를 다뤄야 할 일이 없었다. 농업 혁명을 겪으면서 수십만 명에게 세금을 걷으려면 수입과 재산에, 체납과 빚에 대한 데이터 등을 수집해야 했다. 이 복잡한 '숫자'라는 데이터를 저장하기에 인간의 뇌 용량은 턱없이 부족했다. 수메르인은 이것을 해결하기 위해서 데이터 처리 시스템을 개발했다. 그것이 '쓰기'다.

쓰기는 기호를 활용해 정보를 저장하는 방식이다. 수메르의 쓰기는 점토판에 두 유형의 기호를 이용하여 썼다. 한 유형은 숫자 기호였고 또 다른 유형은 사람, 동물, 사유품, 토지, 날짜 등을 알려주는 기호였다. 그 이후 9세기 이전에, 인도에서 발명되었으나 우리가 아라비아 숫자라고 알고 있는 0~9까지의 기호 체계가 전파되면서 오늘날 우리는 많은 양의 정보도 간편하게 숫자라는 기호 모드로 변환시켜 간소하게 처리한다. 현대에 들어와서, 미국의 2차 세계 대전 전략 정보국 창설 에피소드는 정보의 라벨링이 얼마나 중요한지 보여주는 사례다.

제2차 세계 대전 초기의 미국은 자체적인 종합 정보 기구가 없었다. 연합군의 정보력에 의지해 전쟁을 수행했다. 연합군 정보에 대한 지나친 의존은 위험하다는 경고가 수차례 있었지만 2차 세계 대전의 후발 주자인 미국의 선택지는 그리 많지 않았었다. 하지만 일본의 진주만 공습 이후, 이제 더 이상 두고만 볼 수 없는 노릇이 되었다. 결국 루스벨트 대통령은 자신의 친구인 윌리엄 J 도너반에게 전략 정보국 창설을 요청했다.

도너반은 영국 특별 작전 본부의 도움을 받아 정보수집·분석·연구, 첩보 방첩, 선전·선동, 심리전 공작, 파괴·전복 기획 등의 업무를 체계화했다. 하지만 이 과정에서 도너반이 간과한 것이 있었다. 매일 전 세계의 전장에서 쏟아지는 정보를 어떻게 명료하게 정리해서 대통령에게 보고하냐는 것이었다. 도너반에 따르면, 문서로 기록된 데이터는 몇 달에 걸쳐 읽어도 시간이 부족한 분량이었다. 도너반은 이 문제를 해결하기 위해 '하나의 도표는 천 개의 단어만큼 중요하다'[42] 라는 모토를 내걸고 실무자들을 독려했다. 하지만 상황은 쉽게 호전되지 않았다.

도너반은 자신의 친구인 애서튼 리처즈에게 이 문제 해결을 부탁했다. 리처즈는 이 문제 해결의 실마리를 1939년 뉴욕 박람회에서 찾았다. 그는 전쟁 상황실이 궁극적으로 '미국의 국가 안보와 관련된 모든 요인들을 극화하는 반영구적인 전시장'[43]이 되어야 한다고 생각했다. 그는 이것을 실현하기 위해서 뉴욕 박람회 전시를 주도했던 스타 디자이너들과 건축가 루이스 칸, 기술 문명사 루이스 멈포드, 무대 디자이너 리 시몬슨, 애니메이션 제작자 월트 디즈니를 초빙하여 프로젝트를 진행했다.

애초에 이 프로젝트의 규모는 백악관 지하의 방 두 개 정도였지만 건물 한 채의 규모로 확장됐다. 전쟁 상황실의 계획안에 따르면 반사 시뮬 투영기, 스테레오모토그래프, 통계 시각화 장치, 입체 전술 지도 같은 당대 최신 장비들이 배치될 예정이었다. 하지만 그 당시 보수적인 군 장성들은 민간인이 참여한 이 프로젝트를 의심의 눈초리로 바라보았다. 결국 그들의 반대로 인해 프로젝트는 통과되지 못했다.

그러나 기존의 인력들이 빠지면서 새롭게 그 자리를 채운 것은 젊은 디자이너들이었다. 거기에는 뉴욕 박람회의 디오라마를 디자인했던 예일 건축과 출신의 도널 맥러플린도 있었다. 이들이 부서의 그래픽 팀을 주도하며 통계표, 그래프, 작전 지도, 비밀 장비·무기 사용법의 그림 설명서, 선전 인쇄물을 디자인했다. 그 이후 팀은 디자이너뿐만 아니라, 사진가, 엔지니어, 편집자, 영화감독, 작곡가,

심리학자 등 다방면의 전문가를 활용한 100여 명의 조직으로 재편되었고 이들은 지금의 '정보 디자인'이라는 분야의 초석을 다졌다.

미국의 전략 정보국은 몇 달에 걸쳐 읽어도 모자란 정보 텍스트를 시각화라는 감각 모드로 변환시켜 축약하려고 했다. 전 세계에서 매일 쏟아지는 정보를 빠르게 해석하고 의사소통하기 위해서 선택한 방법이 정보를 시각적으로 변환하는 것이었다. 그렇게 하면 1,000페이지의 복잡한 정보도 1페이지로 단순하게 축약할 수 있다.

이 세상의 많은 정보와 내 안에 요동치는 다양한 감정들을 라벨링을 한다면 우리는 보다 간소하고 명료하게 세상을 마주할 수 있다. 복잡한 것을 더 복잡하지 않게 하고 단순한 것을 더 단순하게 하면서 조금 더 쉽고 빠르게 대응할 수 있게 하는 것이 바로 라벨링이다.

Essence(본질)
– 본질은 효율적이다

나는 고등학교 1학년 때 '본질'이라는 것이 무엇인지 어렴풋이 깨달은 경험이 있다. 그 당시에 나는 중학교 3학년 때부터 친구들과 록 밴드를 만들었고 거기서 나는 드럼을 연주했다. 몇 번의 공연을 한 적 있었지만 그야말로 스쿨 밴드 그 이상 그 이하도 아니었다. 고등학교에 입학하고 나서 연습량과 공연 횟수는 줄었지만 그래도 간간이 모여서 연습을 하고는 했다.

그러던 어느 날, 밴드에서 노래를 부르던 친구가 "지역 밴드 경연 대회가 있는데 출전해 보자"라고 말했다. 늘 추진력이 좋았던 그 친구는 어디서 들었는지 경연 대회 공고를 보고 우리를 꼬드겼다. 결국 우리는 "그래 한번 해볼까?"라는 마음으로 출전을 결심했다. 우리는 메탈리카의 「Enter sandman」과 딥 퍼플의 「Smoke on the water」, 벨벳리볼버의 「Slither」를 메들리로 편곡하여 연습했다. 과연 우리가 지역 경연 대회에서는 어느 정도 실력일지 궁금했다.

약 15개 팀이 출전한 경연 대회에서 우리 밴드의 실력이 한참 부족하다는 사실을 깨닫기에는 그리 오래 걸리지 않았다. 어렸을 적에 1년, 2년의 시간차는 매우 컸기 때문에 2, 3학년 선배들의 실력은 객관적으로 봐도 우리를 압도했다. 형들은 난도 높은 곡들을 아주 높은 퀄리티의 연주 실력으로 경연장을 뜨겁게 달구었다. 우리는 빨리 현실을 직시하고 그저 경연을 즐기자는 마음으로 생각을 바꿨다.

우리 밴드의 경연 순서가 되었다. 조명이 무대를 비추고 친구들이 앰프에 기타 잭을 연결하는 소리가 들렸다. 우리는 신호를 주고받고 연습한 대로 곡을 연주했다. 우리는 큰 실수 없이 연주를 마쳤다. 하지만 앞에서 했던 다른 학교 선배들과 비교했을 때는 아기 걸

음마 수준이었다.

경연이 끝나고 당일에 시상을 했다. 사회자는 참가상부터 하나씩 발표했다 우리의 목표는 제발 참가상만 면하는 것이었다. 우리는 땀으로 범벅된 손을 부여잡았다. 사회자는 참가상을 발표했다. 다행히 기적적으로 우리 밴드의 이름을 부르지 않았다. 우리는 속으로 환호했다. '참가상은 아니야!' 그리고 장려상이 발표됐다. 우리는 당연히 장려상을 받을 것이라고 생각했다. 하지만 그 또한 호명되지 않았다. 동상, 은상, 금상 모두 호명되지 않았다. 우리의 이성은 이미 가출한 지 오래였다. 그때의 우리는 전경 10여 부대가 샅샅이 뒤져도 가출한 이성을 찾기 쉽지 않은 상태였다.

마침내 우리 밴드를 포함해 단 2팀이 남았다. 영예의 대상을 가리는 시간이었다. 시간은 달팽이처럼 느리게 흘렀다. 우리는 사회자의 입만 봤다. 사회자의 입술에 덤벨이라도 달렸는지 입술은 무겁고도 서서히 움직였다. 그리고 발표했다. "밴드 퓨리!" 우리가 대상을 받은 것이다. 내가 하버드 대학교 입학한다는 소식보다 더 믿지 못할 결과였다. 우리는 객석 맨 뒷좌석에서 무대 앞까지 단숨에 달려 나가 서로를 얼싸안았다.

우리는 지역 신문 기자와 간단한 인터뷰를 하고 상금 30만 원을 받았다. 우리는 경연 대회가 끝나고 기념 촬영을 한 뒤 그 돈으로 즐겁게 고기를 사 먹었다. 뒤풀이 자리에서 이런저런 대회 리뷰를 하면서 왁자지껄 수다를 떨었다. 기분은 최고였고 이 세상에서 우리보다 행복한 사람은 없을 것이라고 생각했다. 그렇게 떠드는 와중에 우리는 잊고 있던 근본적인 의문이 불현듯 떠올랐다. "근데 왜 우리가 대상을 탄 거지?"

왜 우리가 상을 받았을까? 도대체 왜? 우리 팀의 실력이 좋아서는 결코 아니었다. 우리보다 실력이 객관적으로 나은 팀은 많았다. 누군가 보면, 우리가 경연 대회 심사위원과 뒷거래를 했다고 확실히 의심할 만한 상황이었다.

이 대회가 끝난 후, 몇 개월 뒤에 나는 왜 우리가 대상을 받았는지를 알 수 있었다. 이유는 사실 아주 간단했다. 우리 밴드는 9분이라는 시간을 칼같이 지켰기 때문이다. 그에 비해 다른 밴드들은 자기 실력에 도취해서 9분은 기본으로 넘기고 13~15분까지 연주하기도 했었다. 그때 우리는 순진했기 때문에 대회 공고에 9분을 지키라는 내용을 보고 철석같이 지키려고 연주 시간을 편곡했다.

흔히 경연의 본질은 '실력'을 겨루는 무대라고 착각한다. 하지만 그보다 더 근본적인 본질이 있다. 바로 '규칙 위에서 최고의 실력을 보여주는 것'이다. 우리의 실력은 미약하지만 '규칙 위에서'라는 근본을 지켰고, 다른 밴드는 실력은 있지만 '규칙 위에서'라는 근본을 져버렸다. 본질을 지킨 우리가 대상을 차지할 수밖에 없는 이유였다.

제대로 된 본질을 파악하지 못하면 선배 밴드들이 그랬던 것처럼 실력을 위해 쏟은 에너지만큼 성과를 얻지 못한다. 하지만 본질을 파악하면 효율적으로 성과를 얻을 수 있다. 나는 그것을 고등학교 때 깨우쳤지만 그 사실은 지금도 유효하다.

예전에 <골목식당>이라는 방송 프로그램이 있었다. 요식업 전문가인 백종원이 장사가 안 되는 가게에 가서 솔루션을 주는 프로그램이다. 그는 장사가 안 되는 문제를 찾기 위해 가게를 둘러보면서 산재해 있는 문제들을 발견한다. 낮은 주방 청결도와 오래된 재료, 정신없는 주방구조, 사장님의 마음가짐 등 장사가 안 될 수밖에 없는 여러 문제를 꼬집는다. 그러면서 그는 마지막에 이런 솔루션을 준다.

"메뉴부터 줄이세요."

그는 식당을 살리는 근본적인 문제 해결 솔루션을 왜 메뉴 수에서 찾았을까? 우리는 보통 식당이 갖춰야 할 본질은 '맛'이라고 생각하기 때문에 의아할 수밖에 없다. 하지만 백종원이 메뉴 수를 줄이라는 솔루션에는 합당하고도 본질적인 이유가 있다.

첫 번째 이유는 메뉴 수가 많으면 고객이 그 식당이 뭐가 맛있는 곳인지 혼란해 한다. 고객이 상품을 결정하는 데 방해 요소다. 두 번째 이유는 메뉴 수를 줄이면 다양한 음식 재료 수가 줄고, 자연스럽게 불필요한 식자재 비용이 절감되어 효율적인 식당 경영이 가능해진다. 뿐만 아니라 식자재 순환율이 높아져 신선한 재료로 음식을 만들 수 있다. 세 번째 이유는 상품의 질이 높아지기 때문이다. 메뉴 수를 줄이면 조리 동선이 효율적으로 변하고, 특정 메뉴에 집중하게 됨으로써 음식의 질이 높아진다. 이로 인해 경쟁 식당보다 우위를 확보하게 되어 브랜딩을 강화하는 결과가 생긴다. 그래서 본질은 '효율적'이다. 메뉴 수를 줄이는 단 하나의 솔루션으로 여러 문제를 단번에 해결할 수 있기 때문이다.

만약 우리에게 본질을 파악하는 능력이 있다면 복잡한 세상을 한결 효율적으로 살 수 있다. 본질을 사고하는 훈련을 끊임없이 해야 하는 이유다.

chapter 4

응용 편

단순함이 되는 기술 4단계

"외면은 단순하게,

내면은 풍족하게 사는 방식을 지향한다"

-아널드 미셸-

패배주의를 예방하기 위해서는 패배의 기준점을 올려야 한다. 야구 선수는 한 경기에 보통 4번 타석에 들어선다. 그중 한 번만 안타를 쳐도 성공한 경기다. 4번 타석 중 3번 삼진 아웃을 당해도 아쉬워할지언정 패배했다고 생각하지는 않는다. 나머지 1번 타석이 남아있기 때문이다. 실망은 4번째 타석이 끝나고 해도 된다. 첫 번째 타석에 패배했다고 두 번째, 세 번째, 네 번째 타석에서 패배주의 감정을 안고 경기에 임할 수 없는 것이다. 수용으로 시작해서 성공 혹은 부정으로 끝나야 한다. 처음부터 부정에서 시작해서 부정 코드를 끝날 때까지 안고 간다면 끝이 좋을 리 없다.

인생은 멘탈 싸움이라고 한다. 멘탈 싸움에도 순서가 있다. 울어야 할 때와 덤덤해져야 할 때의 순서가 바뀌면 인생이 꼬인다. 패배주의 처방전이 꼭 승리만 있는 게 아니다. 이 순서만 바꾸면 패배한 수치는 동일해도 패배주의에 물들지 않을 수 있다. 그래서 우리에게 필요한 것은 슬기로운 삶을 만드는 한 끗의 기술이다.

Step 1.

밸런스, 단순함의 궁극적인 지향점

우리는 쓸데없는 일을 하지 않을 생각은 하지 않고 왜 자꾸 무언가를 할 생각만 하는 걸까? 당신과 나는 한번쯤 이런 깨달음을 얻는다. '이렇게 게으르게 살 수 없다. 나도 매일 운동하면서 건강한 삶을 살 거야!'라고 말이다. 그렇게 결심한 후, 퇴근하고 피곤한 몸을 이끌고 분위기 좋다는 헬스장으로 간다. 거기서 2시간을 운동에 쏟으면서, PT 비용으로는 자기 월급의 절반인 150만 원을 쓴다. 그리고 피부과에 가서 수십만 원의 시술을 받으면서 자기 관리를 한다. 그러나 이 사람은 매일 피자와 햄버거에 절은 식습관을 가지고 있고 술과 담배를 즐겨 한다. 자기는 퇴근 후에 열심히 운동도 하고 피부 관리도 받으니 그 정도의 식습관과 술, 담배는 보상이라고 생각할지도 모른다.

많은 자기 계발 서적들이 말한다. '움직여라, 움직임은 당신을 깨어 있게 한다', '움직이면 당신은 긍정적인 사람이 될 수 있다'고 말이다. 나도 사실 이 말에 동의한다. 사람은 움직여야 한다. 하지만 나는 그들이 말하는 포인트와는 조금 다른 움직임을 생각한다. 그건 바로 Do something이 아니라 'Do moderation(절제를 하다)'이다. 즉, 움직이기는 하나 필요 없는 것을 하지 않기 위해 움직이는 것이다. 그것을 한마디로 표현하면 '절제'다. 이렇게 말하니 마치 내가 주지스님이 된 듯한 기분이지만, 내가 말하고자 하는 원리는 이미 사회학자인 제레미 러프킨이 《엔트로피》라는 책에서 한 말이기도 하다.

제레미 러프킨에 따르면 지금 우리는 기계론적 세계관에 갇혀 있다고 한다. 그 세계관의 초석을 만든 사람은 프랜시스 베이컨, 르네 데카르트, 아이작 뉴턴, 존 로크, 애덤 스미스다. 먼저 그 시작은

'아는 것이 힘이다'라는 말로 유명한 프랜시스 베이컨이다. 그는 과학적이고 객관적인 지식을 확보하면 모든 자연물을 지배할 수 있다고 생각했다.

베이컨의 바통을 이어받은 철학자는 데카르트였다. 그는 이 세상의 암호를 해독할 수 있는 열쇠는 '수학'이라고 생각했다. 데카르트는 이 세상이 대수와 기하학처럼 딱 떨어지게 깔끔하며 질서 정연하다고 여겼다.

데카르트의 이런 생각에 날개를 달아준 사람은 뉴턴이다. 그는 사과는 왜 땅으로 떨어지는지 등 자연 현상을 수학 법칙을 통해서 설명했다. 그 덕분에, 자연 세계는 수학적 원리에 따라 움직인다는 생각이 널리 퍼지게 되었다. 하지만, 사람들은 의문을 가졌다. 그럼 왜 사회는 자연 세계처럼 딱 떨어지지 않고 혼란스러울까? 사회는 베이컨, 데카르트, 뉴턴의 생각처럼 질서 정연하게 움직이지 않았다. 바로 이러한 자연법칙과 사회 사이의 관계를 연구한 사람이 존 로크다.

존 로크는 사회가 혼란스러운 이유는 이 사회가 자연법칙을 따르지 않기 때문이라고 생각했다. 그러면 이 사회가 따라야 할 자연법칙은 무엇인가? 그 대답은 개인의 자기 이익 추구와 재산 축적이었다. 그는 개인이 이익을 추구하는 것이 인간의 자연스러운 본성이자 법칙이라고 생각했다.

애덤 스미스도 존 로크의 생각을 이었다. 스미스는 경제의 '자유방임'을 주장했다. 아무것도 참견하지 말고 그냥 내버려 두라는 것이다. 인간이 중력을 통제할 수 없듯이 인간의 자기 이익 추구의 본성은 통제할 수 없으므로 그 자연적 힘에 맡기는 것이 더 효율적이라고 생각했다.

위 다섯 명이 만든 기계론적 세계관의 결론은 간단하다. '더 많은 물질적 부가 축적될수록 세계는 더욱 질서 있게 된다. 그러므로 진보는 물질적 풍요를 더욱 증대시키는 것이 되면, 이 물질적 풍요는 결국 질서 있는 세계를 만들어 낼 것이다. 과학과 기술은 이를 실천하는 도구다. 이것이 기계론적 패러다임의 주요 가설을 한마디로 압축한 것이다.'[44]

제레미 러프킨은 이러한 기계론적 세계관은 과학과 기술이 사회를 개발할수록 엔트로피(entropy)를 증가하게 하고 세상은 그것을 감당하지 못해 더 무질서하게 변할 것이라고 말한다. 여기서 그가 말한 엔트로피를 간략히 설명하자면 이렇다.

우리는 고등학교 때 열역학 제1법칙과 2법칙을 배웠다. 제1법칙은 에너지 총량에 관한 법칙이다. 자연 세계에서 에너지가 상호 전환되는 과정에서 전과 후의 에너지 총량은 보존된다는 내용이다. 제2법칙은 에너지의 흐름에 대한 법칙이다. 엔트로피(entropy) 증가의 법칙이라고 불리기도 한다. 여기서 엔트로피는 무질서한 에너지 즉, 쓸모없는 에너지를 말한다. 그 대표적인 에너지가 바로 '열'이다. '열'은 온도 말고는 방향성도 없이 방출/복사되는 에너지다. 그래서 특정한 에너지가 열로 변환되면 쓸모없는 에너지인, 엔트로피가 증가한다고 할 수 있다.

만약에 우리가 열역학 제1법칙만 생각한다면 걱정할 것이 없다. 에너지 총량이 보존된다면 에너지는 고갈되지 않기 때문이다. 문제는 제2법칙이다. 제2법칙이 말하는 것을 쉽게 설명하자면 '에너지는 한 상태에서 다른 상태로 옮겨갈 때마다 일정액의 벌금을 낸다. 여기서 벌금은 일할 수 있는 유용한 에너지가 손실되는 것'[45]이다. 그것이 바로 엔트로피다. 예를 들어 보자. 댐에서 물이 떨어지면서 전력을 만든다. 그러나 물이 저수지에 닿으면 그 물은 더 이상 전력을 못 만든다. 즉, 쓸모없는 에너지다. 이것을 다시 위로 올려 떨어트리면 물을 떨어트릴 때보다 더 많은 에너지가 든다. 에너지를 변환시키는 과정에서 더 많은 엔트로피가 생긴다.

이 원리를 우리 일상생활에서 적용할 수 있다. 예를 들어, 다 맞춰진 퍼즐 판을 샀다. 그런데 조카가 와서 그 퍼즐 판을 넘어뜨리자 퍼즐 조각이 흩어졌다. 그 퍼즐 조각을 원상 복구하려면 더 많은 에너지가 든다. 조카는 1초 만에 퍼즐을 흩트렸지만 다시 그 퍼즐을 맞추려면 1시간이 더 든다. 그래서 '한곳에서 엔트로피 증가를 역행시키려면 다른 곳에서 엔트로피를 증가시켜야 하기 때문에 결국 주변 환경의 전체 엔트로피는 늘어날 수밖에 없다는 것은 매우 중요하다.'[46]

결론적으로, 우리가 기계론적 세계관에 입각해서 무분별하게 에너지를 쓸수록 엔트로피는 증가하고 열역학 제1법칙에 따라 이 세상 에너지의 총량은 일정하므로 결국 세상은 엔트로피, 즉 무질서로 가득 차게 된다는 것이 핵심이다. 따라서, 세상은 엔트로피가 낮은 사회로 개편되어야 하고 그 시기가 늦어질수록 벌금은 더 커지고 우리가 감당하기 힘든 지경에 이른다는 것이다.

우리는 기계론적 세계관에 익숙하다. 어렸을 적부터 성실하고 부지런하게 공부해야 좋은 대학 간다는 선생님의 말씀을 듣고 자랐다. 바늘로 허벅지를 찌르며 쏟아지는 잠을 깨우며 공부하고 직장에서는 몸이 부서져라 철야를 불사해야지 성공한다는 성공 신화에 젖어있다. 우리 부모님 세대는 실제로 그것을 증명했다. 개발 도상국에서 선진국으로 나라를 발전시켰고 보리밥과 풀떼기만 있던 식탁이 흰쌀밥과 고기반찬으로 탈바꿈했다. 하지만, 그렇게 쏟은 에너지는 엔트로피를 발생시켰다. 그것은 정신적 우울감과 그로 인한 높은 자살률이다. OECD 평균 자살률은 10만 명당 10.6명에 비해 한국은 22.6명[47]으로 가장 높은 수준을 기록하고 있다. 경제적으로는 번영했지만 정신은 그만큼 피폐해졌다.

이렇게 말하면 마치 노력하지 마라, 그냥 가만히 있으라는 말처럼 들린다. 왜? 무언가를 했을 때 엔트로피가 생긴다고 했으니까 말이다. 그런데 당신이 가만히 있다고 엔트로피가 안 생기는 것은 아니다. 당신의 부모님은 방구석에 누워만 있는 당신을 먹여 살리기 위해서 훨씬 더 많은 에너지를 써야 한다. 그 과정에서 더 큰 엔트로피가 발생한다. 다른 생명체에 비해서 인간을 유지할 때 엄청난 엔트로피가 발생하기 때문이다. 예를 들어, 어떤 사람이 1년을 살아가는 데는 300마리의 송어가 필요하고 그 300마리의 송어는 9만 마리의 개구리가 필요하고, 이 개구리는 2,700만 마리의 메뚜기가 필요하며 이 메뚜기들은 1,000톤의 풀을 뜯어먹어야 한다.[48] 여기서 알아야 할 것은 먹이가 포식자의 살로 전달되는 것은 10~20% 정도며 나머지 80~90%는 다 손실되는 열의 형태로 빠져나갈 뿐이다. 그러니 사람 한 명을 살리기 위해서 얼마나 많은 엔트로피가 발생하는지 짐작도 안 된다.

그러니 당신이 해야 할 것은 그냥 방구석에 누워만 있는 것이 아니다. 무언가를 더 하려고 하지 말고 불필요한 쾌락적 활동을 줄이는 것이다. 예를 들어, 건강해지고 싶다면 제일 먼저 생각하는 것이 150만 원짜리 PT를 끊고 2시간 동안 시간을 내어서 운동하는 것이다. 하지만, 여기서 당신은 돈과 시간이라는 에너지를 교환하는 과정에서 엔트로피를 만들었다. 그것은 스트레스다. 150만 원이나 거금을 쓰면서도 제대로 성과가 나오지 않으면 어떡하냐는 불안감이 당신을 급습한다. 또, 퇴근 후 피곤한 몸을 이끌고 2시간 동안 PT를 또 받아야 한다는 정신적 압박감이 당신을 지배한다. 하지만, 이렇게 생각을 바꾸면 어떨까?

예를 들어, 일단 30분 일찍 잠에서 깬다. 회사까지는 30분만 걸어서 출근하고 나머지 30분만 대중교통을 이용한다. 회사에 도착해서는 엘리베이터보다는 계단을 이용한다. 식사는 원래 밥 한 공기를 먹었다면 반 공기로 줄이고 하루에 2끼만 먹고 술과 담배는 줄이거나 끊는다. 건강 관리를 위해서 새로운 무언가를 하는 게 아니라 기존에 내가 하는 활동에서 불필요한 쾌락을 조금씩 줄여 나가는 것이다. 일상을 살면서 늘 순간순간을 절제하면 자기 관리를 위해서 따로 시간을 투여할 필요 없다. 그렇다면 2시간에 150만 원짜리 PT를 했을 때 생기는 엔트로피보다는 덜할 것이다. 당신이 무언가를 더한 것이 아니라 기존의 쓸데없는 활동을 하지 않은 것뿐이기 때문이다.

그렇다고 우리가 적극적인 자기 계발은 하지 않고 '절제'만 할 수 있는 것은 아니다. 만약 그렇다면 당신은 이 책도 읽을 필요가 없지 않은가? 제레미 러프킨은 《엔트로피》의 마무리를 다소 막연한 메시지를 던지며 마친다. 거칠게 요약하면 낮은 엔트로피 사회를 만들기 위해서는 자연을 아끼고 사랑해야 한다는 말이다. 틀린 말은 아니지만 다소 뜬구름 잡는 소리처럼 들리기도 한다. 나는 거기서 조금 더 다른 방향으로 선회하려고 한다.

우리는 수렵 채집인이 어떻게 농경 사회를 건설했는지 생각해 볼 필요가 있다. 수렵 채집인은 일주일에 20시간밖에 일하지 않았다. 나머지는 여가 시간을 보냈고 평균 수명은 60세 이상 건강하게 살았다. 그럼 그들이 왜 심한 노동력이 필요한 농경 사회를 만들었을까? 수렵 채집에 필요한 사냥감과 식물이 이미 많이 줄었기 때문이다. 만약 그들이 계속 절제만 했다면 생존 시기는 더 늘었겠지만 머지않아 멸종했을 것이다.

자신이 결핍과 한계 상황에 마주했다면 계발이 필요하다. 계발을 통해서 자신의 한계를 타개하되, 타개한 이후에는 절제를 통해서 오래 그 시간을 지속시키는 것이 중요하다. 다시 말해, 계발과 절제 사이에서 밸런스를 맞추는 것이 우리의 지향점이다. 엔트로피로 가득 찬 삶이 아닌 낮은 엔트로피로 질서를 잡으려면 밸런스가 필요하다. 그것이 궁극의 단순함을 위한 출발이다.

Step 2.
무경계, 밀도를 높이는 경계 지우기 기술

    계발과 절제 사이의 밸런스를 잡는 방법은 경계 지우기다. 우리는 자신의 삶을 너무 많은 카테고리로 조각낸다. 그 덕분에 삶은 복잡해지고 무엇 하나에 집중하기가 어려워졌다. 마치 너무 많은 폴더를 만들어서 어디에 파일을 담았는지 헤매는 우리 모습과 똑닮아 있다.

    우리는 무언가를 계속 계발해야 한다는 기계론적 세계관과, 절제라는 낮은 엔트로피적 세계관을 늘 충돌시킨다. 더하는 삶과 빼는 삶을 병합한 법이 경계 지우는 삶이다. 경계를 지우면 더하지도 빼지도 않지만 자신의 삶을 단단하게 할 수 있다. 가지각색으로 자기 삶의 속성을 구분하지 않고 경계를 지우면 삶의 밀도는 높아진다. 계발과 절제, 나와 사회, 일과 휴식, 사랑과 증오 등의 경계를 지움으로써 자신의 삶은 더욱 단단해지고 커진다. 그러면 여기서 한 가지 드는 의문이 있다. 경계를 지우는 것은 좋다. 다만, 어떻게 경계를 지울 수 있단 말인가? 지우개로 내 마음의 경계선을 박박 지울 수도 없는 노릇 아닌가.

서로 다른 것 사이에서 유사성을 파악하면 경계를 지울 수 있다. 예를 들어, 5살 아이의 화법은 특이하다. 엄마가 옷장 문을 닫지 않고 나오자 아이는 자기가 문을 닫으며 "내가 문을 껐어"라고 엄마에게 말한다. 아이는 '닫다'와 '끄다'를 같은 의미로 활용한 것이다. 또, 물이 흘러넘치는 모습을 보자 아이는 다급하게 엄마에게 "물이 넘어졌어"라고 말한다. '넘치다'와 '넘어지다'를 같은 의미로 본 것이다.

아이는 자기에게 익숙한 언어로 세상을 바라본다. 아이는 엄마로부터 늘 "불 끄고 자자"라는 말을 듣는다. 엄마는 불을 끄면서 문을 닫는다. 그럼 밝았던 방 안은 어두워진다. 그래서 아이는 '끄다'와 '닫다'를 유사하게 받아들인다. 또, 아이는 엄마로부터 "넘어지지 않게 조심해"라는 말을 늘 들었다. 아이는 물이 컵 밖으로 넘쳐 식탁에 닿는 모습이 마치 놀이터에서 놀다가 바닥에 넘어지는 자기 모습과 유사하다고 판단했을 것이다. 그래서 '물이 넘치다'를 '물이 넘어지다'로 표현한 것이다.

인지 심리학자인 더글라스 호프스태터와 에마뉘엘 상데가 쓴 《사고의 본질》에서 "아이가 생각하는 개념은 어른들이 생각하는 것보다 포괄적이며 따라서 더 폭넓은 상황에 적용할 수 있기 때문"이라고 아이들이 이러한 화법으로 말하는 이유를 설명했다. 다시 말해, 아이에게 '끄다'와 '닫다'는 어두워진다는 포괄적인 추상성 안에서 유사하다고 판단했을 것이다. 또, '넘치다'와 '넘어지다' 사이에서도 어떤 물체가 바닥에 닿는 것이라는 추상적인 유사성 안에서 같은 의미라고 생각한 것이다.

5살 아이의 시야는 사물 간의 경계를 다양하게 구분하지 않는다. 아직 어휘와 개념이 확립되지 않았기 때문이다. 아이는 자연스럽게 경계를 허무는 사고를 한다. 하지만, 지금 우리도 넓은 시야로 세상을 바라본다면 5살 아이처럼 가능하다. 그 넓은 시야는 추상적 사고에서 나온다.

예를 들어, 우리는 서울, 대전, 대구, 부산으로 지역을 나누지만 국가적 관점에서 대한민국으로 보면 지역별 경계는 지워진다. 또 우리는 사람과 동물을 다르다고 본다. 하지만 생물학적 관점에서 보면 사람과 동물은 같다. 사람과 동물 사이의 경계가 지워지는 것이다. 넓은 추상적 시야로 봤기 때문에 가능한 것이다.

앞에서 설명한 헬렌 켈러는 후각, 촉각, 미각만으로 학습하며 감각을 넓혔다. 그는 유추를 통해서 서로 다른 감각의 유사성을 파악하고 감각의 경계를 지웠다. 그리고 후각, 촉각, 미각이라는 3가지 감각의 밀도를 높일 수 있었다. 만약 헬렌 켈러에게 추상적 사고가 없었다면 감각의 경계를 지우는 작업은 힘들었을 것이다.

경계를 지우기 위한 넓은 시야는 추상적 사고에서뿐만 아니라 자기 그릇 크기에서 나오기도 한다. 나는 이것을 자기 총량의 법칙이라고 이름 지어 말한다. 그건 바로 내 삶의 너비다. 아무리 추상적 사고를 통해서 경계를 지운다고 해도 소주잔 크기의 내 삶이 그것을 담지 못한다면 금방 흘러넘칠 것이다. 서로 다른 양극단을 하나로 병합하여 담기 위해서는 그만한 그릇을 만들어야 한다. 삶의 그릇을 크게 만들기 위해서는 자기 삶의 속성과 구조를 변화시켜야 한다.

예를 들어, 100킬로그램과 1,000킬로그램을 버티는 다리의 속성과 구조는 다르다. 여기서 속성은 다리의 재료이고 구조는 설계다. 100킬로그램을 버티는 다리는 나무를 수평으로 이어주면 끝일지 모른다. 하지만 1,000킬로그램이 지나가면 수평식 나무다리는 금방 부러진다. 1,000킬로그램을 버티는 다리의 속성과 구조는 다르다. 다리의 재료는 나무가 아니라 돌로 바꾸고 설계는 수평이 아니라 아치형 구조를 짜는 방식으로 바꾼다면 어떨까?

나무판을 10개 중첩시키면 부피만 커지고 안정감은 떨어진다. 더 강한 재료와 구조를 찾아 바꾸면 1,000킬로그램을 버틸 수 있는 다리를 만들 수 있다. 수평식 나무다리가 1킬로그램~100킬로그램을 버틸 수 있다면 아치형 돌다리는 1,000킬로그램에서 10,000킬로그램까지 버틸 수 있다. 버티는 무게의 스케일이 월등히 달라진다.

대부분의 우리 삶은 일과 휴식이라는 이분법적 구조로 구분되어 있다. 그래서 사람들은 워라밸을 찾는다. 야근과 주말 근무로 일에 매몰되지 않고 적당히 일하고 적당히 쉬는 삶을 원한다. 그런데 놀랍게도 자신만의 전문적인 커리어를 만들기 원하는 사람들은 일과 라이프를 하나로 보기도 한다. 예를 들어, 유튜브 크리에이터나 자기만의 브랜드 몰을 운영하는 사람들을 보자. 그들은 자신의 라이프를 콘텐츠화하면서 일과 삶을 연결시킨다. 자기 삶의 궤적이 곧 콘텐츠가 되고 콘텐츠가 곧 자기 삶이 된다. 그래서 그들은 '나는 어떤 일을 해야 할까?', '어떤 콘텐츠를 만들어야 할까?'와 같은 고민은 하지 않는다. 그 대신 '나는 어떻게 살아야 할까?'라는 고민을 선행한다.

'나는 어떤 콘텐츠를 만들어야 할까'라는 질문은 일과 삶을 별개로 생각하는 마인드다. '내가 어떻게 살아야 할까'라는 고민이 선행된다면 사실 그 고민은 해결할 수 있다. 나의 삶이 곧 콘텐츠가 되기 때문이다. 결국 문제 해결을 위해서는 큰 그릇의 질문을 설정해야 한다. 큰 그릇의 질문에 대한 답이 나오면 자잘한 문제들은 다 해결할 수 있다.

회사에 묶인 직장인은 오히려 일과 삶을 분리하고 싶어 한다.

그들에게 라이프와 일은 별개다. 그것을 워라밸이라고 말하지만 길게 보면 그렇게 양분화한 삶의 패턴은 두 방향이 하나로 이어지지 못하고 단절되어 많은 리소스와 비효율을 낳는다. 그렇다고 쉴 때도 일을 생각하자는 것은 아니다. 궁극적으로 효율적인 삶이라는 건 일과 라이프가 하나가 되는 삶일 수밖에 없다. 이건 워커 홀릭이 아니다. 일과 삶의 경계를 지우고 하나로 만들면서 더욱 생동감 있는 삶이 되는 방법이다.

그러기 위해서는 인풋과 아웃풋이 분리되지 않고 순환되는 삶의 구조를 만들어야 한다. 삶을 살면서 이걸 의식하지 않으면 행위의 효과가 손바닥 위의 모래처럼 흩어지기 쉽다. 그걸 방지하기 위해서는 늘 서클 구조를 염두에 두어야 한다. 인-아웃이 이어질 수 있는 지점을 의식적으로 생성해야 한다.

나는 마케터 일을 경험하면서 카피라이팅에 대한 감각을 익혔고 거기에 대한 노하우를 짧게 써서 SNS에 올렸는데 그것이 공유 확산되었다. 그것을 본 어느 강의 기획자가 이 내용으로 카피라이팅 강의를 해줄 수 있냐고 요청이 왔다. 나는 강의를 한 번도 해보지 않아 처음에는 주저했다. 하지만 나는 이 또한 경험이라는 생각에 하기로 결정했다. 결과적으로 그 결정은 옳았다. 나는 그 강의 경험 덕분에 《카피의 기술》이라는 책 원고의 뼈대를 그릴 수 있었다. 그렇게 쓴 원고는 책이라는 형태로 출간되는 선순환 구조를 만들었다.

나는 나의 경험과 노하우라는 인풋을 SNS에 글로서 아웃풋을 했다. 그리고 그 글은 강의라는 새로운 인풋을 만들었고 그 강의는 다시 책이라는 아웃풋으로 나왔다. 인-아웃이 분리되지 않고 하나로 통합되고 선순환되는 구조가 자연스럽게 만들어진 것이다.

나는 일과 휴식이라는 속성을 브랜딩으로 교체했고 인풋과 아웃풋을 분리하지 않고 순환 구조라는 사이클을 만들어서 삶의 크기를 회사에서 더 나아가 출판과 강의로 확장했다. 나는 여기서 새로운 일을 하지 않았다. 나는 늘 내가 하던 일의 인풋과 아웃풋을 연결했을 뿐이다. 하지만 내 삶의 크기는 더 커진 결과를 만들었다. 마치 눈덩이가 커지듯이 인풋과 아웃풋의 연결 사이클이 더 넓어졌다. 내 삶의 크기가 커졌다고 복잡해진 것은 없다. 나는 늘 내 일을 할 뿐이었다. 인풋과 아웃풋을 연결하니 버려지는 에너지가 없어 효율이 더 높아진 것이다.

위는 일부 예에 불과하다. 전방위적인 삶의 영역으로 위 행위의 지점들을 의식적으로 생성하고 확장하다 보면 삶의 그릇은 커지고 효율은 높아진다. 작은 그릇에 음식을 담으면 넘치지만 큰 그릇에 담으면 넘칠 걱정 없이 균형 있게 담을 수 있다. 밸런스를 잡으려면 자기 총량을 넓혀야 하고 그러기 위해서는 경계 지움이 필요하다.

일이나 인간관계, 사랑에서도 이 원리를 적용한다면 삶은 강건해진다. 그래서 경계를 지울 수만 있다면 적은 투여 에너지 대비 높은 효과를 낳을 수 있다.

Step 3.
선택과 집중, 간소화하고 집중하기

물체는 커질수록 큰 힘이 작용한다. 경계를 지우고 자기 총량을 높였다면 그것을 유지하기 위한 에너지는 이전보다 더 필요하다. 커진 총량을 유지하기 위해서는 경제적인 구조가 필요하다. 앞에서 예를 들었듯이 긴 거리와 하중을 버텨야 하는 다리는 최대한의 역할을 하는 재료만 사용되어야 하고 필요 이상의 재료가 사용되면 안 된다. 스코틀랜드의 포스교(Forth railway bridge)는 최초로 강철

소재만으로 강도를 높였고 장력을 받는 부분은 열린 격자 대들보로 버티면서 경제적인 구조를 만들었다.[49] 그래서 높아진 총량을 유지하기 위해서는 투여 에너지 대비 높은 성취를 뽑을 수 있는 구조를 만들어야 한다. 이때 필요한 것이 간소화한 선택과 집중이다. 이것이 왜 중요한지는 남극 탐험 지휘관, 로버트 팰컨 스콧과 로알 아문센의 이야기를 보면 알 수 있다.

1911년 10월에는 인류 최초로 남극점을 탐험하기 위해서 두 개의 팀이 경쟁했다. 첫 번째 팀은 영국 해군 지휘관 로버트 팰컨 스콧(Robert Falcon Scott)이 이끄는 팀이었다. 스콧은 영국인이 존경하는 국민 영웅이었다. 그는 이전에도 남극 대륙 원정대를 이끈 경험이 있었지만 실패했다. 그럼에도 영국 왕 에드워드 7세는 귀환한 스콧에게 빅토리아 훈장을 하사하기도 했다.

남극 탐험의 두 번째 팀을 이끈 것은 노르웨이 탐험가인 로알 아문센(Roald Amundsen)이었다. 그는 대서양에서 캐나다 북부의 북극해 제도를 통과해 '북서 항로'를 최초로 발견한 사람이었다. 그도 남극점에 도달하는 것이 꿈이었던 사람 중 한 명이었다.

레이스의 첫 시작은 아문센 팀이 먼저 출발했다. 산을 오르던 아문센 팀은 빙하 속으로 깊이 갈라진 크레바스를 만나 고생했다. 영하 50도 추위와 방향 감각을 망가뜨리는 눈보라, 시속 160km로 부는 바람을 뚫고 가야 했다. 먹을 것도 떨어져 개를 잡아 배를 채워야 했다. 아문센 팀은 출발한 지 52일 후 극점에서 88km 떨어진 곳까지 도착했다. 그리고 이틀 후, 아문센 팀은 최초로 남극점에 도착한 사람이 되었다. 아문센 팀은 남극점에 노르웨이 국기를 꽂고 베이스캠프로 돌아왔다. 2,600km를 걸어 만든 결과였다.

아문센 팀이 남극점에 도착하고 34일 후, 스콧 팀은 제대로 먹지도 못해 거의 쓰러지다시피 남극점에 도달했지만 거기에는 이미 노르웨이 국기가 꽂혀 있었다. 스콧 팀은 귀환해야 했다. 더 이상 시간을 지체할 수 없었다. 이미 너무 지쳤고 동상까지 걸려 탈진한 상태였기 때문이다. 하지만 귀환까지의 여정은 힘들었다. 텐트 안에서 폭풍을 만나고 더 이상 움직일 수 없었다. 결국 스콧 팀원은 그곳에서 죽음을 맞이했다. 도착까지 겨우 27km를 남겨둔 거리였다. 아문센의 팀은 대단한 성과를 냈고 스콧 팀은 추위와 폭풍 속에서 죽음을 맞았다. 과연 이 두 팀 사이에 어떤 차이가 있었을까?

스콧 팀의 시작은 아문센 팀보다 훨씬 유리한 조건이었다. 스콧 팀은 아문센 팀보다 59피트 더 큰 배를 가지고 있었다. 예산도 2배 더 많았다. 팀원도 스콧은 65명, 아문센 팀원은 19명으로 스콧 팀이 46명이나 더 많았다. 아문센은 스콧보다 확실히 열악한 상황이었다. 시작 조건만 보면 아문센이 이기기 힘든 불공평한 경쟁이었다. 하지만 결과적으로 아문센이 승리했다. 아문센이 이길 수 있었던 전략은 간소화와 집중이었다.

두 배 많은 예산과 세 배 많은 팀원이 있었던 스콧 팀은 5가지나 되는 이동 수단을 사용했다. 개 썰매, 모터 썰매, 시베리아 조랑말, 스키, 인력 썰매였다. 하지만 아문센의 이동 수단은 단 하나, 개 썰매였다. 개 썰매가 잘못되었다면 그의 남극 탐험은 오래가지 못하고 실패했을 것이다. 하지만 그는 성공했다.

아문센은 지난 북서 항로를 개척할 때 이누이트족으로부터 썰매 개를 다루는 방법을 배웠다. 아문센은 뛰어난 썰매 개를 확보하는 데 미친 듯이 매달렸다. 그는 썰매 개를 공부하면서 시베리아허스키보다 그린란드 개가 극지방을 탐험할 때 더 적합하다는 사실을 깨달았다. 그린란드 개가 몸집도 더 크고 힘도 세며 다리가 길어서 얼음 장벽과 남극 고원을 달리기에 좋았기 때문이다. 아문센은 무조건 최고의 개를 확보해야 한다고 생각했다. 자기보다 노련한 전문 개 몰이꾼인 스베레 하셀(Sverre Hassel)을 영입하려고 했으나 처음에는 거절당한다. 그는 두 번째로 잘하는 개 몰이꾼을 섭외하려고 하지 않았다. 그는 수단과 방법을 가리지 않고 최고의 개 몰이꾼인 하셀을 영입하기 위해 집요하게 매달렸고 결국 하셀을 영입하는 데 성공한다.

그에 반해, 스콧은 처음부터 정신이 없었다. 5개의 이동 수단을 조율하느라 어느 하나에 집중하지 못했다. 스콧은 조랑말을 구하기 위해 자기 조수를 보냈다. 그러나 그 조수는 개 전문가였고 조랑말에 대해서는 잘 몰랐다. 결국 스콧 팀은 남극 탐험에 부합하지 않는 조랑말 스무 마리를 가져왔고 이 조랑말들 때문에 남극으로 가는 시간은 더 지체되었다.

스콧은 편대 속도를 조율하는 데도 실패했다. 그는 모터 썰매를 먼저 출발시켰다. 모터 썰매가 가장 느리기 때문에 먼저 출발해야 했다고 생각한 것이다. 7일 후에는 조랑말 편대가 출발했고 가장 빠른 개 썰매 편대는 제일 나중에 출발했다. 각 편대가 속도를 맞춰야 한다고 생각한 스콧은 각기 다른 속도로 움직이는 각 편대를 조율하느라 정신을 차리지 못하고 결국 가장 느린 이동 수단에 맞춰서 움직여야 했다.

하지만, 아문센은 개 썰매만으로 빠르게 이동했다. 첫 8주 동안 일평균 24km를 전진했다. 스콧 팀은 겨우 하루에 18km 전진할 때였다. 아문센은 하루에 6km씩 앞서 있었고 아문센이 남극에 도달했을 때는 480km 이상을 더 앞서 있었다.

경영 사상가 모튼 한센은 '아문센이 이긴 것은 이동 수단으로 개 썰매를 골랐기 때문이 아니다. 개 썰매를 선택한 다음, 어마어마한 노력을 기울여 그 유일한 이동 수단을 완벽하게 만들었기 때문이다.'[50]라고 말한다.

기계론적 세계관에 익숙한 우리는 늘 수단을 개발하고 다양하게 만든다. 많으면 많을수록 좋다는 다다익선에 심취해 있다. 이렇게 수단이 많으면 성과도 빠르고 높이 낼 것이라고 착각한다. 하지만 스콧 팀의 경우처럼 수단을 늘린다고 그것이 곧 성취를 보장하지 않는다.

모튼 한센이 말한 것처럼 아문센이 승리한 이유는 스콧과 달리 개 썰매만으로 간소화하여 팀을 운영했기 때문만은 아니다. 간소화한 선택은 절반의 성공 전략일 뿐이다. 아문센이 남극 탐험에 성공할 수 있었던 이유는 최고의 개와 최고의 개 썰매 몰이꾼을 영입하는 데 혼신의 전력을 쏟아부었기 때문이다. 그저 그런 개와 개 썰매 몰이꾼을 팀에 합류시켰다면 이 정도의 성취는 이룩하지 못했을지도 모른다.

앞에서 다리의 원리를 설명했다시피 거대한 물체에는 큰 힘이 필요하듯, 거대한 남극 탐험에는 그만큼 큰 힘이 필요하다. 그렇다고 스콧처럼 비경제적인 구조로 팀을 편성하면 큰 남극 탐험을 지탱하는 힘이 분산된다. 하지만 아문센처럼 경제적이고 간소화된 구조를 만드는 데 집중하면 거친 남극 탐험도 성공할 수 있다. 우리의 삶이 남극 탐험처럼 매서운 칼바람과 산도 옮길 정도로 폭풍의 연속이라면 간소화가 필요하다. 그리고 그것을 최고의 구조로 만들기 위해 높은 집중력이 수반되어야 한다.

Step 4.

프레임 전환, 기준을 바꾸면 단순해진다

다이어트에 성공하려면 어떻게 해야 할까? 불굴의 의지도 중요하고 운동 방법도 중요하다. 꽤 많은 다이어트 전문가는 먼저 환경을 개선하라고 말한다. 그중 하나가 밥그릇 크기다. 밥그릇이 크면 밥그릇이 작을 때보다 밥을 더 많이 먹게 된다는 연구 결과가 있다. 실제로 미국 컬럼비아 대학교 심리학자인 폴 로진(Paul Rozin)은 한 가지 실험을 한다.

아파트 현관에 초코볼이 가득 든 용기를 비치하고 거주자들이 떠갈 수 있게 숟가락을 배치한다. 첫날은 티스푼을 두고 다음 날은 그보다 4배 큰 스푼을 놓았다. 오후에 남아 있는 초코볼의 양을 조사하니 큰 스푼을 배치했을 때 훨씬 많은 초코볼을 먹었다.

이 실험을 통해서 식사량을 결정하는 주요한 환경 조건은 밥그릇이라는 것을 알 수 있다. 그릇의 크기는 일종의 표준이다. '사람들은 기본적으로 제시되는 양이 사회적으로 바람직한 평균적인 양'[51]이라고 은연중에 해석한다. 큰 밥그릇으로 먹으면 밥을 많이 먹어도 된다는 기준이 성립되고 작은 밥그릇으로 먹으면 밥을 적게 먹는 기준이 설정된다. 그릇이 바로 일종의 '프레임'인 것이다. 선택과 집중을 강화하기 위해서는 효과적인 프레임 전환이 필요하다. 그럼 효과적인 프레임 전환은 어떻게 하는 것일까?

효과적인 프레임 전환은 전제 기준을 바꾸는 것이다. 故 정주영 회장의 유엔군 묘지 일화는 효과적인 프레임 전환이 무엇인지 보여준다. 1952년 12월, 부산에는 세계 유일의 유엔군 묘지가 만들어졌다. 그 당시 미국 대통령 당선인이었던 아이젠하워는 갑자기 유엔군 묘지를 방문하겠다고 한다. 12월 한겨울의 유엔군 묘지는 황량한 흙바닥이었다. 이런 상태의 묘지에 아이젠하워 대통령을 방문하게 할 수 없었던 미 8군 사령부는 한국 측에 유엔군 묘지에 푸릇푸릇한 잔디를 입혀 달라고 한다. 하지만 12월 한겨울의 대한민국에는 푸릇한 잔디가 있을 리 만무했다. 더군다나, 주어진 공사 기간은 겨우 5일이었다. 많은 건설사들이 이 입찰을 포기했다. 하지만 故 정주영 회장만이 이 미션에 성공했다. 그는 낙동강 변의 보리싹을 파다가 옮겼다. 보리싹은 한겨울에도 푸르렀기 때문이다. 푸르게 변한 유엔군 묘지를 본 미 8군 사령부는 원더풀을 연발했다.[52]

故 정주영 회장이 전환한 프레임은 무엇일까? 다른 건설사들은 이 미션을 '잔디'의 유무라는 프레임으로 봤다. 그런데 한 겨울에는 잔디가 없다. 계절을 여름으로 바꾸지 않는 이상 '잔디'의 문제로만 본다면 이 미션을 해결할 수 없다. 하지만 故 정주영 회장은 '푸름'의 유무라는 프레임으로 봤다. 이 프레임은 황량한 유엔군 묘지에 잔디를 심는 것이 아니라 푸르게 바꾸는 방법을 생각하게 한다. 만약 '잔디'의 문제로 계속 봤다면 그 해결책은 어땠을까? 아마 잔디가 있는 따뜻한 나라에 연락해 잔디를 공수할 방법을 구상해야 한다. 비용도 비쌀 뿐만 아니라 다각도로 빠른 수송 방법도 강구해야

하고 거기에 따른 수송비도 든다. 그 절차와 방법은 매우 복잡해진다. 하지만 故 정주영 회장은 전제 기준을 '잔디'가 아니라 '색깔'로 보면서 문제의 해결법을 간소화하고 푸름을 만드는 방법에 집중할 수 있었다.

효과적인 프레임 전환은 문제를 쉽게 만든다. 그 이유는 전제 기준을 바꾸기 때문이다. 다윗과 골리앗의 결투에서 '크기'의 프레임으로 싸움을 하면 다윗은 골리앗을 이길 수 없다. 하지만 다윗은 원거리에서 골리앗 이마에 돌팔매질하여 골리앗을 이길 수 있었다. 다윗은 이 결투의 전제 기준 프레임을 '크기'가 아니라 '거리'로 바꾸면서 자신에게 유리한 방향으로 문제를 쉽게 만들었다. 그렇다면 우리는 고민할 수밖에 없다. 故 정주영 회장이나 다윗처럼 제대로 된 전제 기준을 설정하는 방법은 무엇일지 말이다.

효과적인 전제 기준을 설정하려면 문제의 현상과 본질적 요소를 구분해야 한다. 영화 <머니볼>에서 미국 메이저 리그의 만년 꼴등 오클랜드 애슬레틱스의 단장 빌리 빈은 팀 에이스들이 빠져나가면서 고민에 빠진다. 다음 시즌을 맞이해서 팀 세팅을 해야 하는 데 에이스 선수들을 대체할 선수를 데리고 오기에는 구단에 돈이 없기 때문이다. 코치진과의 회의에서 코치들 의견을 듣는데 그들의 의견은 하나같이 한심하다. 그 선수의 여자 친구는 못생겼으니까 자신감이 없을 거라고 말하거나 공을 칠 때 울리는 소리가 좋다느니 얼굴이 잘생긴 선수가 좋다느니 별 시답지 않은 대화를 할 뿐이다.

빌리는 결국, 경제학을 전공한 피터를 영입하고 머니볼 이론을 도입하여 팀 세팅을 준비한다. 그는 많은 데이터를 수집하여 출루율이 높은 선수들을 영입하려고 한다. 부상을 입든, 사생활이 문란하든, 이미 전성기를 지났든 그건 그에게 중요하지 않았다. 오로지 출루율, 출루율이 높은 선수를 영입한다면 어느 정도 승산이 있을 거라고 판단했다. 그 결과, 오클랜드 어슬레틱스는 리그 꼴등에서 1위, 거기다가 메이저 리그 역사상 20연승이라는 대기록을 세운다. 과연 빌리 빈이 본 본질은 무엇일까?

야구에서 가장 중요한 가치는 승리다. 그럼 승리를 하기 위한 핵심적인 본질은 무엇일까? 승리하기 위해서는 실력 있는 선수가 필요하다. 좋은 선수가 승리를 가져다주기 때문이다. 하지만 선수는 야구를 존재하게 하는 요소일 뿐, 선수가 야구의 본질적 요소는 아니다. 선수는 야구의 외부 옵션이다. 좋은 선수는 모두가 그 선수를 스카우트하고 싶어 한다. 거기다가 구단은 현재 돈이 없으며 궁극적으로 구단을 선택하는 건 구단이 아니고 선수다. 이건 빌리의 통제 바깥에 있다. 그렇다면 통제할 수 있는 규칙을 선택해야 한다. 그건 외부에 있는 게 아니라 야구 안에 있는 승리의 본질적 요소여야 한다. 그게 바로 출루율이다.

기존 코치진이 본 승리의 프레임은 '선수'다 좋은 선수가 승리를 만든다. 따라서 좋은 선수를 뽑아야 한다. 하지만, 선행되어야 할 생각이 있다. 좋은 선수란 무엇인가? 더 나아가 열악한 구단의 재정 상황에 맞는 '좋은 선수'란 무엇인가이다. 여기서 빌리 빈은 프레임을 전환한다. '선수'가 아니라 '출루율'로 말이다.

대부분 우리가 제대로 된 프레임 전환을 하지 못하는 이유는 진짜 문제를 보지 못하고 문제의 현상만 보기 때문이다. 어느 날 세면대가 막히는 문제가 발생했다. 이건 진짜 문제가 아니다. 진짜 문제는 수챗구멍에 머리카락이 엉겼다는 사실이다. TV 리모컨이 작동하지 않는 문제가 발생했다. 이건 진짜 문제가 아니다. 리모컨 건전지가 떨어졌다는 게 진짜 문제다. 냉장고에 있는 음식물이 상했다는 문제가 발생했다. 이건 진짜 문제가 아니다. 냉장고가 고장 낮다는 게 진짜 문제다. 내가 취업에 실패했다는 문제가 발생했다. 이건 진짜 문제가 아니다. 내 영어 점수가 낮다는 게 진짜 문제다. 내가 살이 쪘다는 문제가 발생했다. 이건 진짜 문제가 아니다. 내가 운동을 하지 않는 게 진짜 문제다.

우리는 늘 가짜 문제를 붙잡고 씨름하기 때문에 효과적인 프레임을 설정하지 못한다. 故 정주영 회장과 다윗, 빌리 빈이 그러했듯이 본질적인 진짜 문제를 찾고 거기에 맞게 프레임을 전환한다면, 우리는 큰 에너지를 쓰지 않고 우리 삶의 진짜 문제를 쉽고 간편하게 해결할 수 있다.

실습 미션 4단계

Step 1. 밸런스 맞추기

Q1. 불필요한 생활 습관은 무엇인가? (5가지)

Q2. 절제할 수 있는 행동은 무엇인가? (3가지)

Q3. 절제를 통해서 무엇을 개선할 수 있는가?

Step 2. 경계 지우기

Q1. 당신의 삶에서 인풋은 무엇인가?

Q2. 인풋을 아웃풋으로 전환하려면 무엇을 해야 하는가?

Q3. 당신의 인풋-아웃풋 사이클은 무엇으로 분류할 수 있는가?

Step 3. 선택과 집중하기

Q1. 당신 삶에서 가장 소중한 것은 무엇인가?

Q2 소중한 것을 강화하거나 지키기 위해서 무엇을 해야 하는가?

Step 4. 프레임 전환하기

Q1. 당신 삶의 가장 큰 문제는 무엇인가?

Q2. 문제를 바라보는 현재 당신의 프레임은 무엇인가?

Q3. 문제를 해결하기 위한 프레임을 전환해 본다면 무엇인가?

chapter 5

생활 편

단순함을 실현하는 생활 TIP

"계속 달려야 하는 이유는 아주 조금밖에 없지만

달리는 것을 그만둘 이유라면

대형 트럭 가득히 있기 때문이다.

우리에게 가능한 것은 그 '아주 적은 이유'를

하나하나 소중하게 단련하는 일뿐이다."

-책 <달리기를 말할 때 내가 하고 싶은 이야기> 중에서

주머니가 많은 외투가 편리한 것만은 아니다. 주머니가 많으면 어느 주머니에 볼펜을 넣었는지 몰라 여러 주머니를 뒤져야 하는 불편함을 준다. 우리는 살면서 이런 선택들을 많이 한다. 물질 그 자체에 대한 욕망보다는 물질을 보관하는 공간에 대한 욕망이 더 크게 작용할 때가 있다. 그 공간을 채울 수 있는 물질은 소유하고 있지 않지만 그 텅 빈 공간만을 탐내는 것이다.

이것은 공(空)에 대한 소유욕이다. 텅 빈 것에 대한 집착. 하지만 우리 삶에서 중요한 것은 여러 개의 주머니가 아니라 볼펜이다. 여러 개의 주머니는 '이번 여행은 거칠지 모르니까 일단 주머니가 많은 외투를 사는 게 좋겠어'라는 불안감에서 비롯된 허영일 뿐이다. 오히려 그 많은 주머니가 당신의 삶을 복잡하고 혼란스럽게 만들 수 있다.

자기가 가지고 있는 것이 무엇인지 안다면 많은 주머니는 필요하지 않다. 내가 가지고 있는 것이 볼펜뿐이라면 볼펜만으로 여행을 시작하는 것이다. 물론, 가지고 있는 것이 많다면 많은 주머니가 있어도 좋다. 그것은 물건이 각각의 주머니에 자리 잡았으니 혼돈이 아니라 정리기 때문이다. ONE THING ONE POCKET. 우리의 일상을 단단하게 유지하는 생각일지 모른다.

나를 알아가는 글쓰기
– 글쓰기가 만드는 단순함

무라카미 하루키는 어느 날 독자로부터 고민 상담 편지를 받는다. 회사에 입사하려면 원고지 4매 이내로 자기소개서를 써야 하는데 어떻게 써야 할지 모르겠다는 독자의 고민이었다. 하루키는 평소 같았으면 이런 편지에 잘 답장하지 않지만 이례적으로 아래와 같이 답장을 썼다.

안녕하세요. 원고지 4매 이내로 자기 자신을 설명하는 일은 거의 불가능에 가깝죠. 말씀하신 그대로입니다. 제 생각에 그건 굳이 따지면 의미 없는 설문입니다. 다만 자기 자신에 관해 쓰는 것은 불가능하더라도, 예를 들어 굴튀김에 관해 원고지 4매 이내로 쓰는 일은 가능하겠죠. 그렇다면 굴튀김에 관해 써보시는 건 어떨까요? 당신이 굴튀김에 관한 글을 쓰면, 당신과 굴튀김의 상관관계나 거리감이 자동으로 표현되게 마련입니다. 그것은 다시 말해, 끝까지 파고들면 당신 자신에 관해 쓰는 일이기도 합니다. 그것이 이른바 나의 '굴튀김 이론'입니다. 다음에 자기 자신에 관해 쓰라고 하면, 시험 삼아 굴튀김에 관해 써보십시오. 물론 굴튀김이 아니어도 좋습니다. 민스 커틀릿이든 새우 크로켓이든 상관없습니다. 도요타 코롤라든 아오야마 거리든 레오나르도 디카프리오든 뭐든 좋습니다. 내가 굴튀김을 좋아해서 일단 그렇게 말한 것뿐입니다. 건투를 빕니다.[53]

무라카미 하루키가 말한 굴튀김 이론은 자기를 파악하는 방법으로써 탁월하다. 우리는 자기 모습을 볼 수 없다. 자기를 파악하려면 자기 밖의 외부 대상을 경유해서 볼 수밖에 없다. 가장 쉬운 방법은 거울에 비치는 자기 모습을 보는 것이다. 심지어, 달마 대사는 9년 동안 동굴 벽만 보면서 자기 안을 들여다봤다. 벽이 거울처럼 자기 모습을 비추지 않지만 요동치는 마음을 가라앉히고 청정한 자기 마음을 확인하기 위해서였다. 그만큼 우리는 자기를 파악하기 위해서는 외부의 무언가가 필요하다.

자기가 좋아하는 무언가에 대해서 깊이 있게 글을 쓰다 보면 자기 어떤 사람인지 자연스럽게 나온다. 나는 매년 겨울이 되면 영화 <러브레터>를 본다. 내가 왜 이 영화를 좋아하는지 아래와 같이 글을 쓴 적이 있다.

영화 <러브레터>를 매년 보는 이유

휴일에 이와이 순지 감독의 러브레터를 다시 봤다. 러브레터는 다양한 정서로 가득하다. 겨울의 정서, 아날로그 정서, 첫사랑의 정서, 이별의 정서, 가족애 등 사람의 마음을 움직이는 풍부한 정서를 담고 있다. 가끔 이런 정서들이 그리울 때 러브레터를 꺼내 보게 된다. 이 정서의 온도가 나의 온도와 잘 맞기도 해서 크게 이질감 없이 한번에 흡수가 된다.

매년 겨울, 이 영화를 보면서 영화는 늘 그대로지만 점점 달라지는 나를 느끼기도 한다. 볼 때마다 내가 주목하는 정서가 달라진다. 20대 때는 풋풋한 10대 사랑의 정서에 눈이 갔다면 30대에는 죽음이라는 이별의 정서에 더 눈이 간다. 마치 1년에 한 번씩 문틀에 키를 재보는 어린이처럼 러브레터는 내 정서의 키가 얼마나 자라고 줄어들었는지를 확인하는 잣대가 되는 영화 중 하나다.

영화 <러브레터>를 좋아하는 이유를 글로 쓰다 보니 내가 어떤 사람인지 점점 윤곽이 뚜렷해진다. 나는 충만한 정서에 반응하고 그것을 꽤 소중하게 여기는 사람이었다. 영화 <러브레터>에 대한 글을 쓰기 전에는 나에게 그런 면이 있는지 몰랐다. 하지만 글을 쓰다 보니 내가 어떤 사람인지 선명해졌다. 영화라는 거울을 통해서 나를 발견할 수 있었다.

우리는 거의 대부분 흐리멍덩하고 정리, 정돈되지 않은 생각을 안고 산다. 그래서 부모님도, 친구도, 심지어 나조차도 나를 모른다. 내가 무엇을 원하는지, 이게 좋은 건지 나쁜 건지, 내가 너를 사랑하는지 싫어하는지 늘 헷갈리며 방황하다가 누군가에게 등 떠밀려서 오늘도 겨우 하루를 보내고 있지 않은가. 생각해 보면 내가 이 세상을 살면서 명확하게 아는 건 밥은 수저로 먹는다는 사실뿐인 것 같다.

그렇기 때문에 글을 쓴다. 글을 머릿속에서만 쓸 때와 직접 타이핑하며 쓸 때의 차이는 엄청나다. 머릿속에서 생각을 정리할 때는 생각 그 이상 나오지 않는다. 하지만 똑같은 생각을 글로 타이핑할 때는 내가 생각지도 못한 생각들이 마구 튀어나온다. 이건 마치 마법 같다. 생각이 글을 쓰는 게 아니라 글이 또 다른 생각을 잉태하는 느낌이다. 그 이유는 명료한 단어로 생각을 개념화를 하여 생기는 확장력이다. 개념은 또 다른 개념으로 연결되고 점점 사고의 틀이 '원숭이 엉덩이는 빨개' 노래처럼 이어지는 것이다. 생각에만 머무르면 개념이 명료하지 않지만 글로 옮길 때는 개념화된 구조가 되기 때문이다.

글을 쓰지 않을 때, 생각은 기체처럼 눈에 보이지도 않고 마구 뒤엉켜 혼란하다. 글을 쓰면 생각은 고체처럼 눈에 보이는 확실한 결정체가 된다. 그래서 글쓴이는 그것을 관찰하며 스스로를 명료하게 정리할 수 있다.

그럼 나에 대한 명료함을 얻으려면 어떻게 글을 써야 할까?

Step 1. 내가 좋아하는 것을 찾기

내가 좋아하는 영화나 내가 애용하는 컵이나 의자도 좋다. 만약에 내가 무엇을 좋아하는지 모르겠다면 내가 오랫동안 사용한 물건 혹은 부모님이나 친구에 대해서 써도 좋다. 꼭 내가 좋아하는 것이 아니더라도 자신과 어떠한 관계성이 있는 사물이나 사람이라면 무엇이든 괜찮다.

Step 2. 15분간 내가 선택한 것을 생각하기

내가 좋아하는 것을 정했다면 그것에 대해서 15분 동안 생각하는 시간을 보내자. 그런데 어디서부터 어떻게 생각해야 할지 막막할 수 있다. 어렵다면 아래와 같이 한번 생각해 보자.

① A와 처음 만나게 된(사용하게 된) 계기는 무엇이었지?

② 나는 A를 왜 좋아하는 걸까?

③ A는 나에게 어떤 기분을 느끼게 하지?

④ A는 나에게 어떤 변화를 만들었지?

Step 3. 내가 선택한 것에 대해서 글쓰기

이제 글을 써보자. 일목요연하고 정리, 정돈된 글을 써야 한다는 강박은 버리자. 그저 내 생각이 만들어 내는 길을 따라 손가락을 움직인다면 점점 명료해지는 자신을 발견할 수 있을 것이다. 그래도 어떻게 글을 써야 할지 모른다면 두 번째 스텝에서 스스로에게 던진 질문에 하나씩 답하는 방식으로 한 줄씩이라도 써보자.

글쓰기는 복잡한 자신을 단순하게 풀어낼 수 있는 가장 좋은 방법이다. 글쓰기가 습관이 되면 하루하루를 명료한 사고로 마주할 수 있다. 나는 거의 매일 글을 쓴다. 글을 쓰면서 변한 건 내 감각의 촉이 꽤 날카로워졌다는 점이다. 글을 쓰지 않을 때는 머릿속에 한 번 들어왔다가 바로 나가 버리는 상념들이었지만 이제 문을 닫고 나가려는 상념의 머리채를 잡고 주저앉혀 글로 풀어낸다. 내가 왜 이런 걸 느꼈고 이런 생각을 하는지 글을 쓰다 보면 나에 대해서 잘 알게 된다. 글을 쓰다 보면 나는 불가해하고 복잡한 존재가 아니라, 사실은 매우 단순하고 명료한 사람이라는 사실을 깨닫는다. 그것이 나를 알아가는 글쓰기의 힘이다.

나를 자유롭게 하는 루틴
- 나에게 맞는 루틴 생성법

우리는 보통 다이어트를 결심하면 목표 감량 체중을 정한다. '3 개월 안에 10kg 혹은 15kg을 뺄 거야' 같은 식이다. 만약 우리가 3 개월 안에 7kg밖에 감량하지 못했다면 목표 달성 실패다. 하지만 우리가 10kg 감량이라는 목표 지향적 사고가 아니라 '매일 밥은 2 끼만 먹고 매주 3일은 5kg씩 달린다'는 루틴 지향적 사고를 한다고 해보자. 우리가 매일 그러한 규칙을 실천한다면 하루하루가 성공이고 그 성취감은 규칙을 지속할 수 있는 동력이다. 반면에 목표 지향적 사고는 3개월 후 목표를 달성하지 못하면 실패했다는 자괴감 때문에 지속적인 체중 감량을 하지 못하게 한다.

미국의 토크쇼 진행자인 데이비드 레터맨은 망친 공연에 대한 자괴감을 털어 버릴 수 있는 이유를 다음과 같이 말한다.

전 공연을 매일 해요. 월요일에 공연이 망해도 화요일에 또 기회가 있어요.[54]

루틴은 실패라는 불안감으로부터 해방시켜 준다. 매일 실천한다면 오늘 부족해도 내일 당장 만회할 수 있는 기회가 있다. 하지만 비정기적으로 한다면 만회할 기회가 언제 올지 모르고 단번에 잘해야 한다는 불안감에 마음은 더욱 심란하다. 그래서 성취의 기준을 정한다면 그것은 얼마나 많이 혹은 잘했는지가 아니라 얼마나 지속했느냐다.

나는 퇴근하자마자 집에 오면 옷을 벗고 샤워하기 전에 스쾃 20개씩 4세트를 하고 팔 굽혀 펴기 20개씩 4세트를 한다. 이 운동은 20분이면 끝난다. 나도 예전에는 퇴근하고 매일 헬스장에서 2시간씩 운동한 적이 있었다. 하지만 6개월을 넘기기 힘들었다. 나는 생각을 고쳤다. 6개월 바짝 하고 1년 쉴 바에 매일 20분씩 운동하는 것으로 말이다. 자주 하면 습관이 되고 습관이 되면 시작이 쉬워지고 부담도 적어진다. 루틴이라는 규칙은 나를 옥죄는 감옥이 아니라 오히려 나에게 해방감을 준다. 그렇다면 나에게 맞는 루틴을 만들려면 어떻게 해야 할까?

Step 1. 나의 신체 리듬 파악하기

나는 미라클 모닝을 싫어한다. 그게 틀렸다는 것이 아니다. 적어도 나에게 맞지 않다는 말이다. 사람마다 신체 리듬이 있다. 누군가는 아침보다 밤이 자기의 리듬에 적합할 수 있다. 자신의 신체 리듬을 파악해야 그 안에서 자신의 루틴을 계획할 수 있다.

배우 김희원은 자신이 연기할 캐릭터를 파악할 때 제일 먼저 '이게 밝음이냐 어두움이냐 그리고 빠르냐 느리냐를 생각'[55]한다고 한다. 그리고 계속 대본을 보면서 디테일을 정한다고 한다. 우리가 처음 루틴을 세울 때도 이와 유사하게 접근할 수 있다.

① 나는 아침이(밝음) 좋은가 밤이(어둠) 좋은가

② 나는 짧은 것이 좋은가 긴 것이 좋은가

만약 자신이 아침에 더 활발하다면 아침에 시작하는 루틴을 만들고 밤에 더 힘이 난다면 밤을 중심으로 루틴을 짠다. 그리고 자신이 짧은 것이 좋다면 루틴을 짧게 끊고 긴 것이 좋으면 루틴을 길게 잡으면 된다.

Step 2. 루틴화하기

루틴은 새로운 무언가를 하는 것이 아니다. 자신의 기본적인 생활을 패턴화를 하는 것이다. 앞으로 내 삶의 루틴을 만들 거라고 생각하면, 평생 하지도 않던 독서를 하루에 30분 동안 할 거야 같은 새로운 목표를 정한다. 하지만 내가 생각하는 루틴은 어질러진 책상을 반듯하게 정리하는 것이지 거기에 새로운 책이나 문구 용품을 더 채워 넣는 것이 아니다. 루틴의 시작은 무언가를 더 하는 것이 아니라 기존의 삶을 일정한 규칙대로 정리한다는 생각으로 접근해야 한다. 그것이 체계화되면 그 이후에 새로운 습관을 더하는 것이 좋다.

Step 3. 루틴을 구체화하기

루틴을 구체화하면 그것을 더 잘 지킬 수 있다. 단순히 '운동을 열심히 할 거야', '책을 많이 읽을 거야' 같은 맥 빠지는 계획은 지속하기 힘들다. 동기가 없기 때문이다. 하지만 구체적인 행동 계획이 있다면 그것을 수행하기만 하면 된다. 그것은 분명한 행동 동기가 된다. 예를 들어 하나의 루틴을 아래와 같은 계획으로 세워 보자.

① 언제: 루틴을 실행하는 시간대 → 퇴근 후 8시부터

② 어디서: 루틴을 실행하는 장소 → 집 앞 공원에서

③ 어떻게: 루틴을 실행하는 방법 → 5km를 달릴 것이다

애매모호한 계획은 동기를 약화한다. 구체적인 행동 가이드가 있어야 습관적으로 루틴을 실현할 수 있다.

Step 4. 결과를 보상하기

운동을 매일 하면 몸에 근육이 붙는다. 이것은 자연적인 보상이다. 하지만 이것은 3개월 뒤에나 찾아오는 먼 보상이다. 처음에는 매일 해냈다는 성취감이 있지만 그것도 반복되다 보면 무뎌진다. 그렇기 때문에 루틴을 지속하려면 인위적인 보상도 필요하다.

다이어트를 하는 사람들이 일주일에 하루는 치팅데이(자기가 먹고 싶은 음식을 먹는 날)를 정하는 것도 그런 이유다. 보상이 없다면 기나긴 루틴을 지속할 수 있는 원동력이 사라진다. 자기가 정한 루틴을 깨지 않고 잘 수행했다면, 주기적으로 자신에게 보상을 주는 것이 루틴을 지속하는 좋은 방법이다.

우리는 삶을 살면서 무언가를 잘했을 때 칭찬받은 경험은 있어도 무언가를 오래 했다는 이유만으로 박수받는 일은 드물다. 올림픽에서 금메달을 따면 사람들은 환호한다. 그것은 좋은 결과이자 눈에 보이는 성취이기 때문이다. 하지만 사람들은 그 과정에 대해서는 관심이 없다. 만약 자신이 메달을 따지 못했더라도 매일 성실하게 훈련하는 과정을 밟았다면 사람들의 반응에 초연할 수 있다. 다른 사람은 모르지만 본인은 알기 때문이다. 내가 이 과정에서 얼마나 노력했는지 말이다. 그래서 루틴의 효과는 자신의 삶을 단순화하는 것만 있는 것은 아니다. 루틴은 눈에 보이는 성과를 바라는 타인의 시선으로부터 태평하게 자유로워지는 방법이다. 타인이 나를 인정하는 것이 아니라, 나 스스로 나의 성취를 인정하기 때문이다.

나는 거절한다, 고로 존재한다
- 거절은 단순함의 필살기

    우리는 살면서 어처구니없는 질문을 곧잘 받는다. 예를 들어, 식당에서 계산을 하고 거스름돈을 받으려고 기다리는 데 점원이 "제가 얼마를 거슬러 드려야 하죠?"와 같은 질문이다. 우리는 이런 직무 유기 질문을 받아도 잘 대답해 줘야 한다고 생각한다. 그래서 주머니에 있는 휴대폰을 주섬주섬 꺼내 자기가 낸 돈과 밥값을 일일이 계산기로 계산하는 자신을 발견한다. 이쯤 되면 "제가 몽둥이로 당신을 후려 패도 될까요?" 같은 질문을 받아도 "잠시만요. 제가 생각 좀 하고 말씀드릴게요."라고 답하는 것도 전혀 어색하지 않은 상황이다.

"제가 얼마를 거슬러 드려야 하죠?"와 같은 질문에는 "모릅니다." 이 네 음절의 대답을 하는 것이 그리 어려운 일일까. 휴대폰을 꺼내 일일이 계산하는 것 보다 "모릅니다." 이 한 마디 하는 것이 더 쉬운 일 아닐까? 라는 말이다. 질문에 전부 대답해야 할 의무는 없다. 우리는 챗 GPT가 아니다.

자기 계발서는 긍정적이고 수용적인 예스맨이 성공할 수 있다고 말한다. 긍정은 좋은 것이고 부정은 나쁘다고 한다. 거절은 부정이고 그러한 사고방식으로 성공할 수 없다고 우리를 세뇌한다. 그래서 우리는 NO라고 말하지 못하고 Yes를 남발한다. No라고 하면 관계로부터 소외당할 것이라는 불안감 때문에 마지못해 Yes라고 말하는 경우가 많다.

실제로, 미국 UCLA 대학교 심리학과 교수인 리버만과 아이젠 부부는 한 실험을 한다. 실험자가 자기 공명 영상 스캐너에 누워 자기를 포함한 세 명이 공놀이하는 영상을 보게 한다. 처음에는 세

명이 서로 공을 주고받지만 나중에는 자기를 제외한 두 사람만이 공을 주고받는다. 이런 소외감을 겪은 실험자의 뇌에서는 배측 전대상피질(dorsal anterior cingulate cortex)이 활발해졌다. 이 부위는 피부가 상처를 입거나 신체적 고통을 받았을 때 활성화되는 부위다. 이 실험은 신체적 고통과 사회적 고통의 생물학적 메커니즘은 유사하다는 것을 말한다. 그래서 우리는 소외당하는 고통을 피하기 위해서 거절을 하지 못하는 것일 수 있다.

우리는 정말 거절을 하면 소외당하고 그것 때문에 실패한 인생을 살게 되는 것일까? 사실 꽤 성공했다는 사람들의 삶을 살펴보면 거절했기 때문에 성공한 사례는 수없이 찾아볼 수 있다. 만약 그때 거절하지 않았다면 지금의 그 사람이 있었을까 하는 생각도 든다. 예를 들어, 영국의 록 밴드 퀸은 소속사로부터 「보헤미안 랩소디」의 러닝 타임 6분은 너무 기니까 싱글로 발매하기는 적합하지 않다. 그러니 길이를 줄이자는 제안을 받는다. 그렇게 긴 곡을 라디오에서 틀 수 없었기 때문이다.

하지만, 퀸은 그 제안을 거절한다. 그들은 「보헤미안 랩소디」의 곡 구성상 발라드, 아카펠라, 하드 록 등의 요소가 조화를 이룬 6

분짜리 버전만이 이 곡의 가치를 담고 있다고 생각했기 때문이다. 퀸은 소속사의 요청을 거절했지만 결과는 대성공이었다. 「보헤미안 랩소디」는 영국에서만 약 250만 장을 팔았고 영국 역사상 세 번째로 많이 팔린 싱글이었다.

원하지 않는 제안과 요청을 계속 수락하다 보면 자신의 삶은 점점 타의로 채워지게 된다. 자신이 원하는 삶을 사는 것이 아니라 타인이 원하는 삶을 내가 대신 살아주는 것이다. 특히 회사에서 주니어 시절일 때 그런 경우가 많다. 상사의 생각을 거절하지 못하고 자기가 대신 일을 수행하는 경우다. 이럴 경우 실패를 해도 나에게 남는 건 없다. 실패를 해도 내 생각대로 해서 실패를 해야 배울 점이 있다. 상사 생각대로 한 실패는 남는 게 없다. 그건 나의 실패가 아니라 상사의 실패기 때문이다. 그럼 거절을 잘하기 위해서는 어떻게 해야 할까? 무조건 Yes도 나쁘지만 무조건 No도 그리 지혜롭지는 않다. 슬기롭게 거절하는 방법을 안다면 우리는 타의와 자의가 섞인 복잡한 삶이 아니라 자의로만 채운 단순한 삶을 살 수 있다.

거절은 설득의 화법과 같다. 상대방이 자신의 요청을 설득하려고 하듯이 나 또한 나의 거절을 상대방에게 설득해야 한다. 그것이 지혜로운 거절이다. 나의 거절이 설득력 있게 들린다면 그것은 단순한 요청과 수락이 아니라 토의라는 고차원적인 커뮤니케이션이 된다.

Step 1. 일단 공감하기

거절하는 것도 쉽지 않지만 누군가에게 부탁하는 것도 쉽지 않다. 어렵게 꺼낸 부탁을 공감하면서 심리적 거리감을 줄인다면 그 이후의 거절이 조금 더 설득력 있을 수 있다. 그렇지 않고 칼같이 거절한다면 더 큰 화를 부를 수 있다. 따라서, 부탁하는 상황을 충분히 이해하고 공감한다는 뜻을 먼저 전달해야 한다.

Step 2. 거절의 근거 제시하기

앞에서 공감했다면 이제 거절의 근거를 상대방에게 전달해야 한다. 물론, 이유도 없이 그냥 거절하고 싶을 때가 있다. 꼭 근거가 있어야 거절할 수 있는 것은 아니다. 하지만, 설득력 있게 거절의 이유를 제시한다면 상대방 입장에서 수긍하기 좋고 잡음을 방지할 수 있다.

가장 설득력 있는 근거는 표준을 제시하는 방법이다. 예를 들어, 규칙을 근거로 거절하는 것이다. 식당에서 손님이 물을 떠달라고 하면 점원은 '저희 식당에서 물은 셀프입니다'라는 거절 의사를 전달한다. '물은 셀프'라는 식당 내규라는 표준을 활용하여 거절하는 방법이다. 이럴 경우, 손님은 '왜 물은 셀프야'라고 불만을 가질 수 있겠지만 모두가 지켜야 하는 규칙이라고 하니 더 강하게 요청할 수는 없다.

Step 3. 대안을 역제안하기

거절의 근거를 제시해도 상대방이 수긍하지 못하고 더 강하게 요청할 수 있다. 이럴 경우, 대안을 역제안하는 것도 방법이다. 앞에서 예로 들었듯이 식당에서 점원에게 물을 떠 달라고 더 강하게 요청했을 때 점원은 '저희 식당에서 물은 셀프입니다. 다만, 추가적인 주문을 해 주신다면 다음 서빙 시 물과 함께 드리도록 하겠습니다.'와 같은 방법으로 역제안할 수 있다. 그러면 추가 주문도 유도할 수 있고 어차피 한 번 더 서빙해야 한다면 그때 물을 같이 보내는 것은 수고가 덜하기 때문이다.

Step 4. 긍정적인 뜻을 담아 마무리하기

비록 거절은 했지만 상대방에게 거절을 당했다는 부정적인 감정보다는 긍정적인 감정을 심어주고 마무리하는 것이 좋다. 그래서 거절을 한 후에는 상대방에게 다음을 기약하거나 감사의 뜻을 표하는 것이 방법이다. 비록 다소 형식적인 마무리처럼 보일 수 있다. 하지만 우리는 잊지 말아야 한다. 매너는 형식이다. 우리는 지금까지 이러한 암묵적인 매너의 형식을 지킨 덕분에 주먹다짐을 피하며 평화롭게 살 수 있었다.

거절은 부정이 아니라 긍정의 또 다른 면이다. 우리는 문을 열고 집 안에서 밖으로 나간다고 하지만 바깥 입장에서는 문을 열고 세상 안으로 들어가는 것이다. 위치에 따라서 문은 IN 이자 OUT이 될 수 있다. 거절은 바로 문처럼 어떤 위치에서 서서 해석하는지에 따라 다를 수 있다. 그런 의미에서 거절은 또 다른 선택이다. 무언가를 거절한다는 건 다른 것을 선택했다는 뜻이다. 반대로, 내가 무언가를 선택했다는 건 그 외의 것을 거절했다는 뜻이다. 나는 결혼을 선택했다. 나는 행복한 가정을 만들었지만 내 개인적이고 자유로웠던 라이프는 거절해야 했다.

내가 무언가를 거절한다는 것은 자신에게 소중한 삶의 가치가 무엇인지 확실히 아는 것이다. 그런 의미에서 거절은 자신의 삶을

202

경량화하는 것과 같다. 내가 원하는 것에 집중하면서 자신의 삶을

더 가볍게 만드는 것이다.

정체성을 찾는 버리기
– 버리기는 충만함에서 시작한다

폴오스터의 소설 《달의 궁전》에서 주인공인 포그는 빅터 삼촌에게서 1,492권의 책을 물려받는다. 포그는 책이 담긴 상자를 풀지 않는다. 대신에 그 상자를 치수별로 분류해서 여러 줄로 늘여놓아 가구로 만든다. 열여섯 개의 상자 한 세트는 매트리스가 되고, 상자 열두 개의 한 세트는 테이블이 되는 식이었다. 하지만 포그는 빅터 삼촌이 사망하고 자신의 재정이 열악해지자 그 책을 판다. 대신에 그는 책을 팔기 전에 빅터 삼촌에게서 받은 책을 전부 다 읽는다. 그는 빅터 삼촌이 남긴 책을 읽는 행위를 통해 삼촌의 정신적 항로를 탐험한다. 포그는 책들을 읽고 팔면서 상자로 만든 가구를 해체한다. 그는 바뀐 자신의 방을 보면서 이렇게 감상을 남긴다.

너무나도 많은 상자들이 남겨졌고, 너무도 많은 상자들이 사라졌다. 무슨 일이 벌어지고 있는지를 알려면 내 방을 둘러보기만 하면 되었다. 말하자면 그 방은 나의 상태를 측정하는, 얼마나 많은 내가 남아 있으며 얼마나 많은 내가 이제 더 이상 거기에 없는지를 측정하는 기구인 셈이었다. 나는 나 하나만의 극장에서 범인이자, 증인, 배우이자 관객이었다. 나는 나 자신의 절단(切斷) 과정을 따라갈 수 있었다. 한 조각 한 조각씩, 나 자신이 사라지는 것을 지켜볼 수 있었다.[56]

책은 빅터 삼촌의 유일한 정신적 유산이다. 포그는 처음에는 그것에 관심이 없었다. 오히려 책을 다시 빅터 삼촌에게 돌려줄 생각으로 상자를 열어 보지도 않는다. 하지만 그는 가구를 살 돈도 없었기 때문에 그 책 상자를 가구로 만든다. 포그는 정신적 유산을 물리적인 가구로 변형하면서 실용적인 형태로 만든다. 그리고 빅터 삼촌이 죽고 자신의 재정이 최악으로 치닫자, 책 상자로 만든 가구를 해체하면서 그 안의 책들을 읽고 중고 서점에 판다. 포그는 왜 책을 바로 팔지 않고 그 책들을 모두 다 읽고 팔았을까? 포그는 빅터 삼촌이 남긴 책을 읽으면서 '나는 외삼촌이 살았던 삶의 또 다른 부분, 어떤 정해진 날이나 주일 또 달이라는 기간으로 들어갈 수 있었고, 한때 외삼촌이 차지했던 것과 똑같은 정신적 공간을 차지하고 있다는 느낌으로 위안을 받았다.'[57]고 말한다. 결국, 포그는 재정적으로 어려웠지만 빅터 삼촌의 책을 읽는 과정을 통해서 삼촌을 이해하고 위안받는다.

무언가를 버린다는 것은 생각보다 쉬운 일이 아니다. 버리기 위해서는 충만함이 전제되어야 하기 때문이다. 포그가 빅터 삼촌의 책을 그냥 팔 수도 있었지만 포그는 삼촌의 책과 충만한 교감을 하지 못했다. 그것을 그저 버린다는 것은 빅터 삼촌이 남긴 유일한 정신적 유산을 길바닥에 내팽개치는 것과 다를 바 없다. 차마 포그는 그럴 수 없었다. 포그는 빅터 삼촌이 남긴 책을 읽는 행위로 그의 유산을 이어받는다. 충만한 교감이 전제되고 나서야 포그는 그의 책을 중고 서점에 판다.

어르신 중에 무언가를 버리는 것을 극도로 싫어하는 경우가 많다고 한다. 지금은 자식들이 장성하고 비록 먹고살 만해졌지만 과거에 너무 가난한 기억 때문에 버리는 것을 힘들어하는 것이다. 이처럼 버리는 것을 어려워하는 사람들에게는 결핍이 있다. 뉴햄프셔 대학교의 에드워드 리메이 교수팀은 주변 사람들에게 사랑과 인정을 받지 못한 사람일수록 물건에 과도한 집착을 보인다는 연구 결과를 발표했다. 무언가를 쉽게 버리기 위해서는 정신적인 충만함이 필요하다. 마치, 포그가 빅터 삼촌이 남긴 책을 전부 읽으면서 삼촌과 충만한 교감을 했던 것처럼 말이다.

그래서 버리는 삶은 풍요의 끝에서 시작된다. 아프리카 빈민가 삶을 단순하다고 하지 않는다. 타의로 단순한 삶을 사는 걸 우리는 '가난'이라고 한다. 자의로 자기 삶의 기름기를 뺄 수 있다는 것은 곧 풍요로운 힘이다. 우리가 심플한 라이프를 선택할 수 있는 기반에는 정서적인, 혹은 경제적 안정이라는 풍요로움이 깔려 있다. 냉장고를 꽉꽉 안 채워도 된다는 마음이거나 매일 똑같은 옷을 입어도 주변 시선을 신경 쓰지 않는다는 마음, 포르셰를 버리고 삼천리 자전거를 타도 아무런 문제없다는 담대함이 그렇다. 그래서 버리기 위해서는 당신의 어느 한쪽은 풍요로움으로 가득 차 있어야 한다. 그것은 꼭 경제적인 것뿐만 아니라 마음일 수도 있다. 그럼, 당신 삶의 일부를 버리기 위해서는 무엇을 해야 할까?

Step 1. 가치관 확립

당신의 삶에서 가장 중요한 것은 무엇인가? 가장 중요한 것이 무엇인지 안다면 그 외 것들은 버릴 수 있다. 그 정립된 가치관이 당신의 삶을 충만하게 할 수 있다. 하지만 대부분의 사람은 자기 삶에서 가장 중요한 것이 무엇인지 잘 모른다. 그래서 무엇 하나 버리는 것을 망설인다. 자신의 가치관이 무엇인지 모르겠다면 아래와 같은 질문을 스스로에게 던져보고 답해보자.

-자신이 즐겨 사용하는 브랜드는 무엇이고 그 이유는 무엇인가?

-살면서 가장 행복했던 순간은 언제이고 왜 가장 행복했는가?

-살면서 가장 후회 없는 선택은 무엇인가?

-자신이 가진 물건 중에 가장 자랑하고 싶은 것은 무엇인가?

-살면서 가장 노력했던 경험이 있다면 무엇인가?

Step 2. 목적 설정

정립된 가치관을 기반으로 무언가를 버리고 싶다면 그 목적의식이 강할수록 잘 버릴 수 있다. 무엇을 위해서 버리고 싶은가? 건강을 위해서, 쾌적하게 살고 싶어서 혹은 에너지 낭비를 줄이기 위해서 등 그 목적은 다양하다. 왜 버리는지 그 목적을 정했다면 거기에 맞춰서 필요 없는 물건을 버릴 수 있다.

Step 3. 선택하기

버려야 할 목적을 정했다면 그에 부합하는 물건들을 선택해야한다. 아마 당신은 버려야 할 물건을 선택하는 과정에서 이 물건을 버리지 못하는 이유가 떠오를 것이다. 이거는 예전 남자 친구에게 받은 선물인데, 이거는 내가 취직하고 첫 월급 받고 산 물건인데 혹은 이거는 나중에 혹시 필요할지도 모른다는 생각에 버리지 못할지도 모른다. 과거와 미래에 얽매인다면 버릴 수 없다. 버려야 할 물건을 선택하는 제일 첫 번째 기준은 '지금' 필요한가다. '지금' 필요하지 않다면 과감하게 버려야 한다. 자기 삶의 목적에 부합하지도 않고 '지금' 필요하지 않다면 당장 버려야 할 물건 리스트 첫 번째다.

Step 4. 버리기

버리고 싶은 물건을 선택했다면 버려야 한다. 하지만 혹시나 하는 마음 때문에 버리기가 쉽지 않다. 그럴 때는 박스에 물건을 넣고 1년이라는 기간을 붙인다. 그리고 1년 동안 해당 박스를 열어보지 않는다면 무조건 버린다는 기준을 정한다. 더 신중하게 버려야 한다면 2년이라는 기간으로 정해도 좋다. 그 과정에서 물건과 자신의 관계를 살펴보고 이제 작별 인사를 해야 할 시기라는 것을 명확하게 깨닫게 된다.

《달의 궁전》에서 포그는 책 상자를 버리고 난 후의 방을 보면서 '그 방은 나의 상태를 측정하는, 얼마나 많은 내가 남아 있으며 얼마나 많은 내가 이제 더 이상 거기에 없는지를 측정하는 기구'라고 말한다. 내가 무엇을 버린다는 것은 곧 나의 정체성을 갈고닦는 일이다. 남겨진 방의 흔적은 곧 내가 어떤 사람이고 어떠한 길을 걸어왔는지를 말해준다. 그래서 포그의 말대로 방은 나를 '측정하는 기구'가 되는 것이다. 당신의 방을 한번 둘러보자. 거기서 당신의 어떤 정체성을 발견할 수 있다면 성공이다. 하지만 거기서 그 어떤 자신의 모습도 발견할 수 없다면 복잡한 삶을 살고 있다는 방증일지도 모른다.

뇌의 부하를 줄이는 기록
- 기억하지 말고 기록하기

소설가 루이스 보르헤스의 《기억의 천재 푸네스》라는 소설에는 모든 것을 기억하는 푸네스가 등장한다. 어느 날 푸네스는 야생마에서 떨어져 전신 마비 상태가 된다. 의식을 잃고 깨어났을 때 그는 사소하고 오래된 일까지 지각하고 기억할 수 있게 된다. 얼마나 지각력과 기억력이 좋으냐면, 그는 24시간의 일을 24시간 동안 묘사할 수 있고 5년 전의 새벽 남쪽 하늘의 구름 모양도 기억하며 포도나무에 달린 잎과 포도알 수까지 지각하고 기억한다.

하지만 이 놀라운 지각력과 기억력은 푸네스에게는 재앙이다. 일반 사람이라면 장미를 보면 장미라는 일반화가 가능하지만 그는 장미를 봐도 매초마다 다르게 지각한다. 거울 속 자신을 봐도 순간적인 인상을 무한히 기억할 수 있어서 매번 달라지는 자신을 보고 화들짝 놀란다. 푸네스는 사물을 매번 다르게 지각하고 기억하므로 일반화를 통한 지식의 체계화를 하지 못한다.

가끔, 우리는 모든 것을 보고 한 번에 다 기억할 수 있다면 얼마나 좋을까 상상한다. 그러면 시험도 늘 만점을 받을 것이고 재테크를 하는 데 도움을 받아 돈도 많이 벌고 떵떵거리면 풍족하게 살 수 있지 않을까. 하지만, 푸네스처럼 영원한 기억력은 재앙이 될 수 있다. 잊고 싶은 기억을 잊지도 못하고 어제처럼 생생하게 기억한다면 우리는 누적된 과거의 기억에 점점 쌓여서 숨 막히는 삶을 살 것이기 때문이다. 그래서 우리는 망각한다. 역설적으로, 우리는 과거를 망각하기 때문에 지금을 살 수 있다.

하지만, 우리는 잊지 말아야 할 기억은 기억해야 한다. 팀장이 몇 시 몇 분까지 어떤 업무를 해오라고 지시했는지 기억해야 한다.

혹은 옆자리 직원의 전화를 받아서 누구에게 전화가 왔는지도 기억해서 말해줘야 한다. 잊을 것은 잊고 기억해야 할 것은 기억해야 한다. 하지만 기억력은 우선순위대로 기억을 지우는 것이 아니기 때문에 곤란한 경우를 많이 경험한다. 그러한 불상사를 방지하기 위해서 우리는 기록한다.

《살인자의 기억법》이라는 소설에는 기억을 잊지 않기 위해 끊임없이 기록하는 주인공 병수가 나온다. 이 소설을 쓴 김영하는 기록하는 작가에 대해서 이렇게 말한다.

《살인자의 기억법》의 주인공 김병수는 끝없이 자기 생을 돌아보고 기록하려고 하죠. 그것이 작가의 일하고 비슷해요. 작가라는 건 계속해서 과거를 돌아보는 직업이거든요. 자신이나 남의 과거, 나라의 과거, 한 집단의 과거를 돌아보는 거예요. 자신의 불완전한 기억들을 조립해서 그럴듯하게 써내는 게 작가의 일인데요. 그런 면에선 모든 작가가 어느 정도는 기억 상실을 가지고 있다고 볼 수 있어요.[58]

김영하는 불완전한 기억을 그럴듯하게 조립하는 것이 작가라고 한다. 그 조립의 도구가 바로 기록이다. 우리는 기록하는 것이 오히려 쓸데없이 삶의 부피를 늘리는 건 아닐지 생각한다. 하지만 기록은 불완전한 기억으로 인한 혼란을 예방하고 더 삶을 명확하게 한다. 우리는 그 불완전해 보이는 기록의 조각들을 조합하여 빠르고 명확한 체계를 구축할 수 있다.

많은 기억은 우리의 정신을 복잡하게 하고, 많은 망각은 우리를 곤란하게 한다. 그것을 절충하기 위해서 우리는 꼭 필요한 기억을 기록한다. 인지 심리학자 대니얼 J. 레비틴은 뇌의 부화를 줄이기 위해서 외부 저장 매체에 기록을 저장하는 것이 좋은 방법이라고 말한다. 그래서 우리는 자신에게 맞는 기억 저장소를 만들고 효율적인 기록 방법을 알아야 한다.

Step 1. 기록 저장소 만들기

먼저 자기에 맞는 기록 저장소를 만들어야 한다. 내 기억 저장소는 크게 PC 메모장과 SNS다. 회사에서 회의를 하면서 주고받는 이야기와 핵심 내용은 PC에 있는 메모장을 활용한다. 노트는 PC를 쓸 수 없을 때만 쓴다. 적어도 나에게 기록의 능률은 PC 메모장이 더 높다.

그리고 그 외에 떠오르는 아이디어를 빨리 기록해야 할 때는 내 카카오톡에 쓰고 시간이 나면 페이스북 나만 볼 수 있는 메모 그룹을 생성하여 정리한다.

그리고 책을 읽다가 책 문장을 기록하고 싶다면 '텍스처' 앱을 활용한다. 이 앱은 문장을 일일이 타이핑할 필요 없이 사진으로 페이지를 찍으면 문장이 스캔 되어 편리하게 기록할 수 있다.

Step 2. 기록의 목표 정하기

기록의 목표가 있다면 그 목표에 맞게 안테나가 곤두서 있다. 나는《카피의 기술》이라는 첫 책을 쓸 때 모든 기록의 안테나를 책에 집중했다. 책을 쓴다는 목표를 정하자 TV를 보거나 책을 볼 때도 그와 연관된 필요한 내용을 기록할 수 있었다. 그저 무작정 기록하면 그 기록물이 자기를 변화시키지 못한다. 그러면 기록하는 것에 회의감만 들어서 기록을 지속하지 못한다. 목표를 정하고 기록해야 능률이 오른다.

Step 3. 키워드로 압축하여 기록하기

상대방의 말은 긴 문장형인 경우가 많고 순간적인 아이디어도 스쳐 지나간다. 그것을 일일이 문장으로 기록하려고 하면 시간도 없고 금방 잊는다. 따라서, 주제 핵심 키워드만 기록하는 것이 좋다. 여기서 키워드는 생각을 잘 표현하는 것이 주안점이 아니다. 내가 복기하기에 편한 형태의 키워드도 기록하는 것이다.

예를 들어, 나는 '챗 GPT, 업무량'이라는 키워드를 기록한 적이 있다. 이 키워드만 봐서는 이게 무슨 내용인지 이해가 안 될 것이다. 하지만, 나는 안다. 내가 다시 봤을 때 내용을 정리하고 생각의 단초를 마련하기 위해 기록했기 때문이다.

키워드는 말 그대로 핵심 단어다. 내가 다시 글을 정리할 때 기억을 떠올릴 수 있게 도움을 주는 용도로 활용해야 한다.

Step 4. 기록물 분류하기

기록의 목적은 기억이 나지 않을 때 다시 확인하기 위해서다. 그런데 기록만 해놓고 그 기록을 찾지 못한다면 헛고생이다. 그래서 나는 기록을 하면 한 달에 한 번씩 엑셀 파일로 날짜-제목-링크-주요 키워드를 따로 작성하여 저장한다. 그러면 내가 Ctrl+F를 눌러 키워드를 검색하면 쉽게 기록물을 찾을 수 있도록 만들었다. 혹은 인스타그램에 내용을 저장하고 특정 해시태그를 검색하면 바로 찾을 수 있게 하는 방법도 유용하다.

기록하지 않으면 복잡한 생각을 머릿속에 담은 채 속이 턱턱 막힌다. 하지만, 내 머리가 아니라 외부에 나의 생각을 맡기면 홀가분해진다. 그뿐만 아니라, 생각을 글로 기록하면 복잡해 보였던 것도 알고 보니 그리 복잡하지 않다는 사실을 깨닫는다. 망각해야 할 것은 잊고 기억해야 할 것은 기록해 보자. 그러면 우리 삶의 효율은 더 높아질 수 있다.

나를 살려 내는 집중력

— 진짜 나를 발견하는 힘

우리는 흔히 공부와 업무 능률을 올리기 위해 집중력이 필요하다고 생각한다. 그것도 틀린 말은 아니다. 하지만 단순히 그런 이유만 있지 않다. 집중력은 진짜 나를 발견하게 한다. 그것이 집중력의 또 다른 역할이다.

스님은 '참나'를 찾기 위해 온갖 고행을 한다. 하루 종일 벽만 바라보고 불경을 외우는 면벽 수행부터 오랫동안 침묵하는 묵언 수행까지 '참나'를 발견하기 위해 스님들은 대단한 집중력을 발휘한다. 하지만, 꼭 그러한 고행만이 '참나'를 발견할 수 있는 길은 아니다. 즉, 매일 복잡한 2호선 출퇴근길에 부대낀다고 '참나'를 못 찾는 것도 아니라는 말이다. 참나를 절에서만 찾을 수 있다면 술집에서 술 마시고 쇼핑몰에서 쇼핑하는 나는 '참나'가 아니라 가짜란 말인가? 그 또한 나다. '참나'는 그저 인간이 지긋한 현실과 대비되는 고상한 세계를 가정하여 만든 허구다. 사람들은 이상적인 어떤 세계에 '참나'가 있을 것이라고 믿고 싶어 한다. 사실은 그렇지 않다. 우리가 발을 딛고 있는 지금 이 세계에서도 진정한 나를 찾을 수 있다.

영화배우 실베스타 스텔론은 영화 <록키>의 주인공으로 유명하다. 하지만 많은 사람이 모르는 사실이 있다. 그건 바로 <록키> 각본을 쓴 사람 또한 실베스타라는 사실이다. 이 사실을 말하면 그 근육돌이가 <록키> 각본까지 썼다고 놀라워한다. 더 놀라운 사실은 원래 실베스타는 글쓰기에 천부적인 재능이 있던 사람이 아니었다. 심지어 그는 학창 시절 영문학 과목에서 낙제를 밥 먹듯이 했고 싸움질을 똥 싸듯이 매일 했다. 하지만 배우로서 성공이 희박할 거 같다는 판단이 들자 그는 무엇이라도 쓰기로 마음먹은 것이다.

실베스타는 각본가로서 끝장을 보겠다는 각오를 다졌다. 그는 검은색 스프레이로 창문을 모두 칠하고 전화 코드는 뽑았다. 그는 자신을 골방에 가두고 밤낮없이 글쓰기에 집중했다. 처음 쓴 각본은 본인 스스로 생각해도 형편없었지만 그래도 끝까지 썼다는 사실에 뿌듯해했다. 문제는 아무도 그의 각본을 사지 않았다는 점이다. 그러다가 그는 자신의 각본에 꽤 중요한 문제를 발견한다. 그것은 각본에 녹여져 있는 비관주의다. 실제로 그 당시 미국 영화는 비관주의가 팽배했다. 베트남전과 워터게이트 사건이 미국의 분위기를 그렇게 만들었다. 실베스타는 그 분위기를 따라 각본을 썼고 자신이 겪은 비참한 삶도 각본에 투영하여 무거운 분위기를 더했다.

하지만 실베스타는 주제를 바꾸기로 결심한다. 자기가 보고 싶은 영화가 무엇인지 생각했다. 그것은 낙관주의, 즉 온갖 역경에도 굴복하지 않는 영웅이 보고 싶었다. 그리고 그는 무하마드 알리와 척 웨프너의 복싱 경기를 본다. 실베스타는 거기서 힌트를 얻었다. 무하마드 알리는 세계 최강의 복서였고 척 웨프너는 무명에 가까운 선수였다. 모두가 알리의 승리를 점쳤다. 하지만 척 웨프너는 그 경기에서 알리를 다운시킨다. 알리는 다시 일어나 척 웨프너를 몰아붙

였고 15라운드 TKO로 알리가 승리한다. 그러나 이 경기에서 눈물 겨운 척 웨프너의 파이팅에 사람들은 감동했고 실베스타도 그중 한 사람이었다. 그는 이 경기에 영감을 받아 <록키> 각본을 썼고 그 영화는 124억의 제작비로 20배가량의 2,900억 원 흥행을 기록했다.

만약 정말 '참나'가 있다면 그건 잠재력이다. 실베스타는 싸움꾼에서 각본가이자 배우가 되었다. 이 세상 어딘가에는 제2의 유재석이 될 만한 입담꾼이 하루 종일 입을 닫고 일하는 기관사를 할 수 있고 제2의 손흥민이 될 만한 사람이 주민 센터에서 등본을 떼고 있을 수 있다. 자유와 행복을 얻고 싶다면 '참나'를 찾는 게 아니라 자신의 잠재력이 무엇인지 찾아야 한다. 그러기 위해서는 절에서 염불을 외우는 것이 전부는 아니다. 우리는 현실 세계에서 강한 집중력을 통해 자신의 잠재 능력을 발견할 수 있다.

실베스타는 엄청난 집중력으로 자기 안에 있던 각본가로서의 잠재력을 발견한다. 잠재력을 발견한 실베스타의 삶은 복잡하게 방황하던 그 이전의 삶과 달라진다. 아주 명확하고 확고하게 자신의 길을 만들어 간다.

하지만 왜 우리는 실베스타처럼 집중하기가 힘들까. 집중이 힘든 이유는 불안감 때문이다. 사람이 불안이나 두려움을 느낄 때는 전전두엽의 기능이 저하된다고 한다. 전전두엽은 사고력, 창의력, 집중력에 관여하는 뇌의 중추다. 우리는 이 불안감을 해소하기 위해 다리를 떨거나, 아무 의미 없이 스마트폰을 스크롤 한다. 잠재력을 발견하기 위한 집중력을 키우는 방법은 없는 것일까?

Step 1. 경험을 기억화하기

사람에게는 2가지 정보 처리 네트워크가 있다. 첫 번째는 디폴트 모드 네트워크다. 무의식에 가까운 상태로 기억이나 경험에 따라 자동으로 정보를 처리하고 지시를 내린다. 두 번째는 주의 집중 네트워크다. 자발적으로 주의를 기울일 때 활성화된다.[59]

예를 들어, 우리는 초행길을 갈 때는 지도를 보며 코너와 건널목을 의식한다. 주의 집중 네트워크가 발생한 것이다. 하지만 그 초행길을 100번 반복하면 의식하지 않아도 몸이 저절로 길을 찾는다. 디폴트 모드 네트워크 상태인 것이다. 이때는 자동차가 갑자기 경적을 울려도 잠시 몸만 움찔할 뿐 곧바로 갈 길을 찾는다.

따라서, 누적된 경험은 집중력의 기반이다. 어떤 변수가 생겨서

주의가 산만해져도 누적된 경험으로 생성된 디폴트 모드 네트워크가 작동하면 순조롭게 다시 적절한 집중력을 발휘할 수 있다. 반복된 경험을 통해서 그것을 기억하는 것은 꽤 중요하다.

Step 2. 심리적 안정 유지하기

불안은 집중력의 적이다. 심리적 안정을 유지하는 것이 집중력의 첫걸음이다. 불안이나 스트레스를 알아차렸을 때는 해소 방법을 미리 정하는 것이 좋다. 예를 들어, 마음을 편안하게 해주는 나만의 플레이 리스트를 만들거나 식물에 물을 주거나 달콤한 초콜릿을 먹는 방법 등이다.

즉시 불안감을 완화하는 법은 호흡이다. 불안하면 호흡이 빨라진다. 호흡이 빨라지는 것을 자신이 느끼는 순간 불안감은 더 가중된다. 그래서 역으로 호흡을 조절하면 불안감은 줄어든다. 호흡법을 실천할 때는 첫째, 의식을 호흡에 집중하고 둘째, 배에 공기를 채우듯이 숨을 크게 들이쉬고 셋째, 천천히 깊게 숨을 내쉰다. 호흡을 하면 자율 신경이 균형 잡혀 마음이 편안해진다.

호흡은 반복이다. 반복하는 행동은 최고의 능률을 발휘할 수 있도록 마음을 편안하게 한다. 심리적 안정을 위해서 자신만의 행동 패턴을 생각하는 것이 좋다.

Step 3. 알맞은 난이도 설정하기

미국의 심리학 교수인 미하이 칙센트미하이는 《몰입의 즐거움》이라는 그의 저서에서 적절한 난이도 설정이 집중력을 높이기 위한 요소라고 말했다. 미션이 너무 쉬우면 흥미가 떨어지고 너무 어려우면 지레 포기한다. 적절한 난도가 있어야 집중이 용이하다는 것이다.

그래서 게임 개발자들은 미션의 난이도 조절을 중요하게 생각한다. 게이머들의 레벨에 맞게 난이도 설정을 해야 오래 게임을 할 수 있기 때문이다. 스테이지마다 게이머들의 능력치가 올라가는 만큼 각 스테이지별로 난이도 조정을 해야 한다.

따라서, 집중력을 높이려면 방해 요소를 통제하는 것도 중요하지만 난이도를 알맞게 설정하는 것 또한 그에 못지않게 중요하다.

Step 4. 반복하기

집중력을 개발하기 위해서는 반복해야 한다. 마치 근력을 키우기 위해서 바벨을 반복적으로 들어야 하듯이 집중력도 마찬가지다. 처음에는 5분만 집중하고 그것을 반복적으로 경험하면서 디폴트 모드 네트워크로 만든다. 그리고 그것이 완성되면 10분 그리고 20분 이렇게 점차 시간을 늘리면서 집중력을 높이는 것이다.

아무리 집중력이 좋은 사람도 자기에게 낯선 분야는 쉽게 집중하기 힘들다. 예를 들어 내가 갑자기 성간운의 유기 분자에 대한 강의를 듣는다면 집중할 수 있을까? 어렵다. 즉 집중력은 반복되는 경험에 비례한다. 자신에게 필요한 영역이 있다면 점진적으로 그 경험의 양을 늘리고 익숙해지는 것이 중요하다.

집중력을 키우면 자신도 몰랐던 '나'를 발견할 수 있다. 앞에서 말했듯이 '참나'는 잠재력이다. 그러니 굳이 동굴에 들어가서 찾을 필요 없다. 지금 당신의 방 안에서도 자신의 잠재력을 찾을 수 있다. '나'라는 정체성은 자신의 잠재력을 통해서 표현된다. 잠재력을 찾으면 자신의 삶은 명확해진다. 잠재력을 찾기 위해 자신의 집중력을 키워보자.

chapter 6

고수 편

단순함은 고도의 복잡함이다

"배운다는 건 책장에 뭔가를 채워 넣는 건가요?

아니면 필요 없는 것들은 죄다 버리고

한결 가벼워진 자신의 길을 따라가는 건가요?"

-파울로 코엘류 <포르토벨로의 마녀> 중에서

고통은 정보다. 고통은 가장 빠른 방법으로 정보를 준다. 문지방에 발가락을 찧으면 빛의 속도보다 빠르게 머리털이 설 만큼 아프다. 그다음부터 문지방은 이 세상에서 제일 위험한 물건이 된다. 덕분에 요즘 만든 집에는 문지방이 없다.

고통이 정보인 이유는 쓸데없고 해로운 것이 뭔지 알려주기 때문이다. 문지방 때문에 발가락이 고통받을 때마다 '이딴 건 쓸데없이 누가 만든 거야! 없애버려!' 그 덕에 집이 한결 깔끔해졌다. 고통이라는 정보 때문이다.

고통은 가장 빠르고 직관적인 정보를 전달하기 때문에 그 고통을 들여다보면 꽤 좋은 정보를 발견할 수 있다. 새로운 고통을 느낀다는 건 새로운 정보를 얻는 일이다.

단순해지기 위해
복잡함을 이해하다

당신이 이 책을 보고 있다면 단순해지고 싶기 때문일 것이다. 그 말은 즉, 당신은 지금 매우 위태로운 복잡함 속에서 살고 있다는 뜻이기도 하다. 단순함의 목적은 단순함 그 자체에 있지 않다. 우리가 단순함을 원하는 이면에는 복잡함이 필수적으로 있어야 한다. 마치 이건 단짠단짠 이론과 비슷하다. 단맛을 느끼기 위해서는 짠맛을 알아야 하고 짠맛을 알기 위해서는 단맛을 알아야 한다.

달콤함이 기능하기 위해서는 짭짤한 맛이 기반해야 한다.

단순함의 대명사인 '아이폰'을 살펴보자. 아이폰의 기능은 더럽게 복잡한 해저 케이블과 위성으로 한 데이터 통신에 의존한다. 물론 그것들이 아이폰처럼 깔끔하게 되어 있을 리 없다. 우리는 버튼도 없이 한 손에 착 잡히는 아이폰을 통해서 그런 복잡한 구조가 아이폰을 떠받치고 있다고 상상하지도 못하고 사실 알 필요도 없다.

우리가 아이폰을 사용하는 가치는 딱 한 가지다. 아이폰만 있다면 통화와 문자는 물론이고 인터넷과 소셜 미디어와 콘텐츠 제작 등, 이 세계와 복잡다단하게 연결될 수 있기 때문이다. 손바닥만 한 직사각형 기계 하나만 있다면 가능하다. 그래서 '단순해 보인다고 해서 실제로 단순한 것이 아니다. 단순함의 미학은 속임수 혹은 감당하기 힘든 과잉을 감추고 있다.'[60]

단순해지고 싶다고 복잡함을 멀리하는 것은 위험하다. 역설적으로 당신이 단순해지기 위해서는 필연적으로 복잡함을 경험해야 한다. 복잡함이 있지 않고서는 단순해지기 힘들 뿐만 아니라, 단순함의 가치 또한 복잡함이 있어야 높아진다. 복잡함을 피하기보다 복잡함이 무엇인지 더 잘 이해해야 한다. 즉, 복잡함을 적으로 생각하기보다 더 큰 단순함을 획득하기 위한 공생 관계로 파악하는 것이 더 낫다.

복잡함을 이해하기 위해서는 '분해'해야 한다. 영화 <데몰리션>은 교통사고로 아내를 잃은 데이비스가 자신을 둘러싼 환경을 분해하면서 고장 난 자신의 마음을 찾아가는 작품이다. 그는 아내가 죽었는데도 아무렇지 않다. 그는 자판기가 돈만 먹고 초콜릿이 나오지 않자 그 와중에 자판기 회사 연락처를 촬영해서 나중에 클레임 전화를 걸 생각을 한다. 그는 자신이 왜 이런지 도무지 모르겠다. 그러다가 문득 장인어른이 한 말이 생각난다. "뭔가를 고치려면 전부 분해한 다음 중요한 게 뭔지 알아내야 해." 그래서 데이비스는 냉장고를 분해하고 사무실의 컴퓨터, 화장실 문, 급기야 불도저로 자신의 집을 모두 부순다. 그는 아내의 묘지를 찾아가 돌아오는 차 안에서 우연히 아내가 남긴 메모를 발견한다. '바쁜 척하지 말고 나를 좀 고쳐줘요'. 그 메모를 본 데이비스는 그제야 슬픔과 후회의 눈물을 흘린다.

데이비스가 냉장고를 분해한다고 자신의 고장 난 마음을 알 수 없을 것이다. 하지만, 데이비스의 분해는 매끈하게 정돈된 자신의 일상을 낯설게 만듦으로서 조금 다른 시야로 자신을 바라보게 한다. 그 행위 속에서 데이비스는 점점 다른 사람으로 변모한다.

복잡함은 덩어리다. 잘 정돈된 서랍처럼 있어야 할 물건이 제자리에 있지 않다. 한 서랍 안에 잡동사니가 다 들어 있어서 뭐가 무엇인지 복잡하게 얽혀 있다. 그래서 복잡함을 이해하기 위해서는 하나씩 분해해야 한다. 서랍 안에 든 물건을 바닥에 쏟아, 하나씩 그 물건이 있어야 할 서랍에 맞게 분류한다. 하나씩 분해해서 들여다봐야 복잡함을 이해할 수 있다. 단순함의 고수는 복잡함을 다음 3가지 사고방식에 맞춰 분해한다.

생각 1) 목적 분해 사고

대개의 목적은 단순해 보이지만 그것을 들여다보면 복잡함 덩어리다. 길 가다 보면 '바르게 살자'라는 문장이 박힌 바위를 자주 본다. 이 문장은 단순하다. 그런데 만약 누군가에게 바르게 산다는 것이 무엇이냐고 물어보면 저마다 대답은 다를 것이고 대답하기도 쉽지 않다. 표현이 단순하다고 그것이 함의하고 있는 게 단순한 것은 아니다. 거기에는 복잡함이 내재해 있다. 그래서 단순함의 고수들은 이 목적을 몇 가지의 목표 형태로 분해한다. 그것이 바로 OKR 사고방식이다. OKR은 Objective and Key Result의 약자다. 목적(Objective)과 목적을 이루기 위한 목표(Key Result)로 구성하는 사고법이다.

예를 들어, 행복하게 살고 싶다는 목적이 있다. 행복하게 살고 싶다는 누구나 살면서 생각하는, 단순하지만 복잡하고 어려운 목표다. 이것을 달성하기 위해서는 목적을 아래와 같이 3가지 목표로 분해해서 생각할 수 있다.

목적(Objective)	행복하게 살고 싶다		
목표(Key Result)	건강하자	경제적 안정을 이루자	친구와의 관계를 다지자

행복하기 위해서는 최우선으로 건강해야 한다. 건강하지 않다면 그 어떤 것도 행복하게 할 수 없다. 둘째는 경제적으로 안정되어야 한다. 돈이 없다고 무조건 불행하지는 않지만 기본적인 재정 상황이 보장되어야 행복도 따라온다. 세 번째는 친구와의 관계다. 외로움은 행복의 적이다. 함께 웃고 떠들 수 있는 친구가 있다면 더없이 좋다. 이렇게 목적을 이루기 위한 목표를 순차적으로 분해한다면 복잡한 목표를 이루기 위해서 무엇을 해야 할지 조금 더 잘 이해할 수 있다.

생각 2) 구체화 사고

구체화 사고는 조금 더 목적을 눈에 보일 수 있도록 실체화하는 것이다. 복잡함 덩어리는 그것이 손에 잡히지 않게 두루뭉술하게 섞여 있기 때문이다. 그렇다면 조금 더 손에 잡히는 형태로 구체적으로 변형시켜야 한다.

예를 들어, 행복해지기 위해서는 건강, 경제, 관계라는 3가지 목표를 정했다. 이 목표를 달성하기 위해서 구체화해 본다면 어떨까?

목적(Objective)	행복하게 살고 싶다		
목표(Key Result)	건강하자	경제적 안정을 이루자	친구와의 관계를 다지자
구체화	1일1식 루틴 만들자	월 100만원 부업 하자	일주일에 3명씩 소통하자

건강하기 위해서 1일 1식 루틴 만들기라고 하고 경제적 안정을 이루기 위해서 월 100만 원의 추가 부업을 하자 그리고 친구와 관계를 다지기 위해서는 일주일에 3명씩 연락하는 것으로 구체화했다. 목표를 눈에 보이는 숫자를 통해서 구체화하기 때문에 두루뭉

술한 목적이 보다 선명해졌다.

생각 3) 단계별 사고

복잡한 문제를 한 번에 해결하려고 하면 힘들다. 단계별로 목적을 나누어 실현 가능하도록 프로세스를 만드는 것이 바람직하다. 기간에 따른 단계에 맞춰서 자신의 목표를 분해하는 것이다. 앞에서 구체화한 내용에 따라서 단계별로 분해해 보자.

목적(Objective)		행복하게 살고 싶다		
목표(Key Result)		건강하자	경제적 안정을 이루자	친구와의 관계를 다지자
구체화		1일1식 루틴 만들자	월 100만원 부업 하자	일주일에 3명씩 소통하자
단계	1단계	1일~15일 (단백질+채소)	1월~3월 콘텐츠 제작	문자로 안부 묻기
	2단계	16일~17일 (탄수화물)	4월~5월 사이트 제작	전화 통화하기
	3단계	18일~30일 (단백질)	6월~12월 제품 판매	시간 잡아서 저녁 먹기

1일 1식 루틴 만들기는 각 기간을 정하여 단계별로 식단을 구성

하여 건강 관리를 하고 월 100만 원 부업은 일정에 따라 부업 준비 목표를 구분한다. 일주일에 3명씩 소통도 단계에 맞춰서 문자와 전화 통화, 저녁 식사까지 프로세스를 정립한다.

이 세상은 날로 간편한 기기가 발명되고 생활은 편리한 서비스로 가득한데 왜 이렇게 점점 더 복잡해지는지 궁금할 때가 있다. 생각하면 답은 간단하다. 그만큼 간편한 서비스가 나왔다는 것은 그 하부 구조에 있는 우리의 생활 방식은 날로 더 복잡해졌다는 뜻이다. 즉, 간편한 서비스가 있어서 세상이 단순해지는 것이 아니라 세상이 복잡해졌기 때문에 단순한 서비스가 요청된 것이다.

그뿐만 아니라, 간편한 서비스를 운영하기 위해서 물밑에서 열심히 발을 구르는 노동력의 주체 또한 사실 우리다. 우리는 편리한 서비스를 이용함과 동시에 그것을 유지하기 위해서 피곤하고도 복잡한 삶을 살고 있는 것이다. 복잡해지는 것은 쉬우나 단순해지는 것은 어렵다. 마치 퍼즐을 어지르는 것은 1초면 되지만 조각을 맞추는 것은 1시간이 걸리는 것과 같은 이치다. 그래서 지금의 우리는 단순함이 필요하다.

단순함이 고도화되는 과정

소설가 헤밍웨이는 간결하고 단순한 문체로 소설을 썼다. 그가 간결한 문체를 구사하는 이유는 기자 출신이었던 영향이 크다. 실제로, 그 당시 기자들에게는 기사의 명료성과 단순성을 크게 요구했다. 로버트 링커 오브라이언(Robert Lincoln O'Brien)은 1904년에 《기계와 영어 문체》라는 논문에서 보도의 신속성을 요구함에 전신을 활발하게 이용하게 되었다고 말했다. 그 이유는 표현이 간결할수록 비용을 절감할 수 있기 때문이다. 또한 언어의 미묘함, 복잡함은 전쟁 시기에는 위험 요소였다. 따라서, '헤밍웨이의 단순 명료한 영어 문체도 부분적으로는 대서양 케이블을 통해 기사를 전송해야 했던 외국 특파원으로서의 경험이 낳은 산물'[61]이기도 하다.

　헤밍웨이의 문체는 그가 '빙산 이론'을 고안하면서 한 번 더 발전한다. 그는 1954년 한 인터뷰에서 자신은 '빙산 이론'에 입각하여 글을 쓴다고 했다. 그가 밝힌 빙산 이론은 다음과 같다.

　나는 항상 빙산 이론을 토대로 글을 쓰려고 노력한다. 수면 아래에는 수면 위로 보이는 빙산의 7/8이 있다. 당신이 알고 있는 것이라면 생략할 수 있으며, 이러한 생략은 빙산을 강하게 해 줄 뿐이다. 보여지지 않는 부분이 바로 그 부분이다. 만일 작가가 그것을 모르기 때문에 생략한다면 이야기에는 구멍이 생기게 된다.

　헤밍웨이가 말한 빙산 이론의 핵심은 생략이다. 생략을 통한 문장의 단순성이 빙산 이론의 특징이다. 헤밍웨이의 문장이 단순해 보이지만 그 문장은 다의적인 의미를 함축한다. 빙산 이론은 생략을 통한 여백이, 언어로 표현된 부분을 더 강화시켜 주는 효과를 만든다.

그가 처음부터 이렇게 빙산 이론에 입각하여 글을 쓴 것은 아니다. 헤밍웨이도 처음에는 눈에 보이는 것을 구체적으로 묘사하는 극사실적 문체를 썼다. 예를 들어, 《미시간 북쪽에서》라는 작품에서 아래와 같은 문장이다.

그 집들은 커다란 느릅나무 숲으로 둘러싸여 있었으며 길은 모래투성이였다. 길을 따라 위로 죽 올라가면 감리교회가 있고 길 아래로 내려가면 반대쪽에 마을 학교가 있었다.

이 문장은 대상을 사실적으로 묘사만 할 뿐이다. 생략이 만든 다의적 의미를 독자에게 전달하지 못한다.

하지만 헤밍웨이는 파리 시절에 화가인 세잔의 화법을 문체에 도입하면서 빙산 이론을 개발한다. 세잔은 선이 굵고 생략, 변형, 특정 물체의 강조가 두드러진 묘사를 한다. 예를 들어, 풍경 묘사에서 세잔의 작품처럼 특징만 골라서 간결하게 표현한다. 구체적인 묘사는 없으나 오히려 사실성은 더 뛰어나다. 그가 얼마나 세잔에게 영향을 받았는지 그가 미국의 문학 비평가인 조지 플림프튼

(Geroge plimpton)과 한 인터뷰에 잘 드러난다.

나는 세잔의 그림으로부터 글을 단순하게 또한 진실하게 쓰는 그 무엇을 배웠으나, 그 단순함은 내 작품에 차원을 높이고자 할 때는 지나칠 정도의 단순함이었다.

그럼 그는 세잔의 화법을 적용하여 어떤 문체를 썼을까? 헤밍웨이는《살인자들》이라는 작품에서 아래와 같이 빙산 이론을 적용하여 문장을 썼다.

헨리 식당의 문이 열렸고 두 명의 사나이가 들어섰다. 그들은 카운터에 앉았다.
"무엇을 드릴까요?"라고 조지가 그들에게 물었다.
"모르겠다." 그 사나이 중의 하나가 말했다. "앨, 자네는 무엇을 들겠나?"
"모르겠어. 나도 내가 무엇이 먹고 싶은지 모르겠어."라고 앨이 말했다.

위 문장의 문체는 사실적이지만 불필요한 요소가 완전히 제거되어 고도로 추상화된 문체처럼 보인다. 여기서 등장하는 두 명의 인물은 살인 청부업자다. 이들은 신분을 구체적으로 표현하지 않는다. 하지만 '문이 열렸다', '사나이가 들어섰다', '카운터에 앉았다' 빠르게 이어지는 세 번의 연속 동작만으로 공포 분위기를 조성하는 데 성공한다. 헤밍웨이는 구체적인 묘사를 하지 않고 이 간결한 문장으로 그 이면에 있는 정서를 잘 표현했다. 일본의 소설가 무라카미 하루키의 문체 또한 헤밍웨이와 유사한 과정으로 고도화되었다.

무라카미 하루키는 그의 처녀작 《바람의 노래를 들어라》를 200자 원고지 400장 정도로 완성했으나 그 글이 처음에는 재미없었다고 한다. 글을 쓴 작가가 그렇게 느낀다면 독자도 분명 재미를 못 느낄 것으로 판단했다. 결국 그가 선택한 방법은 처음부터 다시 쓰는 것이었다. 하지만 이번에는 다른 방법을 사용했다. 그 방법은 바로 영어로 쓰기였다.

물론 내 영작 능력이라야 뭐, 뻔하지요. 한정된 수의 단어를 구사해 한정된 수의 구문으로 글을 쓰는 수밖에 없습니다. 문장도 당연히

짧아집니다. 머릿속에 아무리 복잡한 생각이 잔뜩 들어 있어도 그걸 그대로는 도저히 표현할 수 없어요. 내용을 가능한 한 심플한 단어로 바꾸고, 의도를 알기 쉽게 패러프레이즈를 하고, 묘사에서 불필요한 군더더기를 깎아내고, 전체를 콤팩트한 형태로 만들어 한정된 용기에 넣는 단계를 거칠 수밖에 없습니다. 결국 몹시 조잡한 문장이 되어버립니다. 하지만 그렇게 고생하며 문장을 써 내려가는 동안에 점점 내 나름의 문장 리듬 같은 것이 생겨났습니다.[62]

그가 영어 쓰기라는 방법을 선택한 이유는 무엇일까? 하루키는 일본에서 자라고 일본어를 모국어로 쓰기 때문에 자기가 느끼는 감정과 표현하고 싶은 정경을 문장화하려고 하면 자기 시스템에 내재된 일본어가 서로 충돌을 일으킨다고 했다. 하지만 영어로 문장을 쓰면 표현할 수 있는 단어가 제한되다 보니 그러한 충돌이 벌어지지 않는 것이다. 한마디로, 불필요한 군더더기를 제거할 수 있고 전반적인 문장이 간결해지는 효과를 만들었다. 그 과정에서 바로 무라카미 하루키만의 문장 리듬이 생긴 것이다.

내가 그때 발견한 것은 설령 언어나 표현의 수가 한정적이어도 그걸 효과적으로 조합하면 그 콤비네이션을 어떻게 풀어나가느냐에 따라 감정 표현, 의사 표현이 제법 멋지게 나온다는 것이다.[63]

그렇게 영어로 소설을 쓴 이후에 그가 한 일은 다시 영어를 일본어로 번역하는 것이었다. 그는 그것을 딱딱한 직역이 아니라 '자유로운 이식'이라고 표현했다. 그 결과, 하루키는 자신만의 일본어 문체를 개발할 수 있었다. 그 순간, 문장을 쓰는 데 새로운 시야가 열린 것이다.

정리하자면, 헤밍웨이와 무라카미 하루키는 일종의 '정반합' 과정을 거쳐 문체를 고도화했다. 헤밍웨이의 문체는 많은 정보가 담긴 사실적 문체, 하루키는 일본식 시스템에 의한 문장 표현의 한계라는 기존 상태에서, 헤밍웨이는 세잔의 화법과 하루키는 영어 번역 문장이라는 반대 지점을 만나면서 단순하면서도 리듬감 있는 궁극의 문체로 발전할 수 있었다. 결국, 단순함의 고도화는 단순성만으로 이룩할 수 있는 것이 아니다. 복잡하고 장황한 자신의 상황을 개선할 수 있는 적합한 대립 지점을 찾아 고도화할 수 있다.

데이터화,
단순함은 데이터의 패턴이다

어릴 적 나는 고전 슈팅 게임 '1945'를 많이 했다. 첫 스테이지는 쉽게 클리어했다. 갈수록 적의 공격이 복잡해졌다. 5번째 스테이지까지 가서는 도저히 깰 수 없는 판이라는 것을 깨닫고 좌절했다. 하지만 수십 번 계속 도전하면서 나도 모르게 적의 공격 패턴을 익혔다. 언제 적이 나타나고 어느 타이밍에, 어디로 미사일을 쏠지 예측할 수 있었다. 나는 그 패턴에 따라 대응했다. 그리고 왼쪽 구석에 자리를 잡고 있으면 복잡하게 난사하는 적의 미사일에 맞지 않는다는 방법을 알았다. 우리 동네 오락실에서는 이렇게 게임을 하면 '쨉시리' 쓴다고 욕했다. 그 누구도 '쨉시리'가 어떤 뜻인지 우리에게 알려주지 않았다. 국어사전에도 그 단어가 나와 있지도 않았지만 우리는 그게 어떤 뜻인지 알 수 있었다. 편법을 쓰면서 얄밉게 게임을 한다는 뜻이었다.

요령을 부린다는 것은 패턴을 파악했다는 뜻이다. 여기서 패턴의 재료가 되는 것은 데이터다. 그 데이터는 직접 경험이 될 수도 있지만 다른 사람이 경험한 데이터를 추린 간접 경험도 해당한다. 누적된 데이터는 일정한 패턴을 만든다. 그 패턴을 통해서 우리는 복잡해 보이는 세상도 단순하게 만들 수 있다. 하지만 우리는 주관적인 경험이 낳은 편견 때문에 세상을 불투명하게 본다. 그 결과, 오답을 정답으로 생각하며 산다.

기존 야구계는 수십 년 동안 야구에 몸담은 베테랑 코치진만의 경험에 근거하여 전략을 짰다. 영화 <머니볼>에서도 나왔듯이 선수의 여자 친구가 못생겼기 때문에 자신감이 없을 거라는 편견이 바로 그 예다. 하지만 오클랜드 애슬레틱스의 혁명적인 성과가 편견을 바로 잡았다. 미국 메이저 리그의 오클랜드 애슬레틱스는 선수들의 연봉 총액이 가장 낮은 팀이었음에도 야구 통계학을 접목시킨 전략 덕분에 2002년, 2003년 플레이오프 진출에 성공한다. 그 이후부터 야구에서 통계 분석의 역할이 커졌다. 데이터가 인간의 편견을 수정하는 큰 도움을 준다는 사실을 입증했다.

야구에서는 내야 시프트 전략이 바로 그러하다. 야구 통계학이 발전시킨 것이 내야 시프트 전략이다. 내야 시프트는 여러 수비수를 일정한 구역에 집중시키고 나머지 구역은 비워두는 전략이다. 전통적인 야구 전략가의 입장에서 보면 미친 짓이나 다름없다. 하지만 축적된 데이터를 바탕으로 선수의 타구 방향으로 통계화를 하면 일리가 있다. 그 선수가 어디로 공을 보낼지 예측할 수 있다면 굳이 골고루 수비수를 포진하지 않아도 된다. 실제로 내야 시프트의 결과는 상상이었다. 그 효과가 워낙 커서 메이저 리그는 23년부터 내야 시프트를 전면 금지했다. 내야 시프트가 야구의 역동성을 가로막아 흥미를 떨어트린다는 지적 때문이다.

야구에서뿐만 아니라 우리 삶에도 통계학을 접목한다면 단순하고도 편리하게 살 수 있다. 예를 들어, 창업이라는 스테이지를 클리어 하려면 우리는 어떤 패턴을 파악해야 할까? 일단 우리가 창업에 대해서 잘못 알고 있는 편견부터 살펴보자.

데이터 과학자인 세스 스티븐스 다비도위츠는 창업에 대한 잘못된 통념 두 가지 데이터를 기반으로 반박한다. 첫 번째 통념은 '젊은 나이에 창업하면 유리하다'이다. 이 통념이 생긴 이유는 스티브 잡스가 21세에 애플을, 빌 게이츠가 19세에 마이크로 소프트를, 마크 주커버그도 19세에 페이스북을 설립했다는 대표적인 사례 때문이다. 대중 매체는 젊은 창업가를 좋아한다. 젊은 나이에 창업에 성공했다는 기사가 더 드라마틱한 효과를 낳기 때문이다. 하지만 미국의 경제학자들이 2007년에서 2014년 사이에 미국에서 설립한 창업자 나이를 분석한 결과 그들의 평균 연령은 41.9세였다. 그뿐만 아니라, 60세의 스타트업 창업자가 30세 창업자보다 가치 있는 회사를 만들 확률은 3배 정도 높았다고 한다.[64]

두 번째 통념은 '외부자가 창업에 유리하다'이다. '한 분야의 문제는 그 분야 외부자의 색다른 시각이 쉽게 해결해 준다'라는 말이다. 그 분야에 있는 사람들은 자기만의 방법을 고집하기 때문에 외부자의 시선이 혁신적인 해결책을 제시한다고 한다. 하지만 데이터는 다르게 말한다. 창업자들의 기존 경력을 조사하니 자기가 일했던 분야로 창업했을 때 더 큰 성공을 거두었다고 한다. 즉, '창업자들은 자신이 창업한 분야에서 과거에 근무한 경험이 있을 경우 회사를 크게 성공시킬 가능성이 두 배쯤 커진다.[65]라는 말이다.

창업에 성공하는 공식은 데이터를 기반으로 패턴화를 할 수 있다. 실제 데이터 결과를 공식으로 정리하자면 이렇다. 먼저 오랜 시간 자신이 창업하고자 하는 분야에 대한 경험이 있어야 하고 그곳에서 자신의 가치가 충분히 입증되어야 한다. 그리고 자신이 중년에 접어들었을 때 창업하는 것이 성공할 확률이 높다. 우리가 일반적으로 생각하는 통념을 따랐다면 성공할 확률은 줄어든다. 하지만 데이터는 진실을 말한다. 성공의 데이터 패턴을 분석하고 우리가 거기에 맞게 행동한다면 성공 확률은 높아진다.

통계에 따르면 행운도 패턴이 있다. 첫 번째 행운의 공식은 다양성의 법칙이다. 새뮤얼 P.프레이버거(Samuel P. Fraiberger)의 과학자 팀은 성공한 예술가를 연구했다. 연구진은 화가 49만 6,345명의 이력 데이터를 확보해 분석했다. 그 결과 구겐하임 미술관 같은 명망 높은 미술관에서 전시회를 하면 높은 확률로 성공했다. 하지만 이것은 결과론적이다. 구겐하임 미술관에 전시를 할 정도면 이미 어느 정도 성공했다고 할 수 있기 때문이다. 성공하지 못한 예술가들은 동일한 나라와 전시장에서 반복적으로 전시했다. 성공한 예술가들은 자신의 작품을 받아 주는 다양한 화랑에서 부지런히 전시했다. 그들은 다양한 전시장에서 기회를 만들었고 그것이 곧 성공으로 이끌었다.

그리고 성공한 예술가의 두 번째 공식은 다작의 법칙이다. 캘리포니아 대학교 심리학 교수인 딘 사이먼턴(Dean Simonton)은 작품을 많이 발표하는 예술가가 걸작도 많다는 상관관계를 발견한다.[66] 베토벤은 평생 600곡을 만들었고 파블로 피카소는 총 1만 3,800점의 작품을 발표했다. 다작과 행운 사이에 왜 이런 상관관계가 있을까? 가설을 세워본다면 이렇다. 성공은 일종의 로또와 비슷하다. 자신에게 많은 복권 번호가 있을수록 당첨 확률이 높다. 행운도 마찬가지다. 하지만 사람들은 자기가 만든 결과물에 대한 사람들의 반응을 두려워한다. 발표하지 않고 폐기하는 경우가 많다. 예기치 않은 행운을 얻고자 한다면 그런 두려움을 접고 많은 작품을 만들고 보여줘야 한다. 그 과정에서 뜻밖의 평가를 받을 수 있다. 자기가 만든 작품을 스스로 평가하지 말고 대중에게 맡긴다.

정리하자면 행운의 법칙은 최대한 많은 작품을 만들고 그것을 다양한 장소에 노출시키는 것이다. 행운은 예측 불허의 우연이라고 생각한다. 하지만 데이터를 기반한다면 어떻게 행운을 만들 수 있는지 그 패턴도 알 수 있다. 이 세상이 복잡하고 불가해 보인다고 해도 통계를 낼 수 있다면 우리도 세상을 이해할 수 있다. 그리고 유리한 방향으로 자신의 삶을 만들 수 있다.

데이터는 나조차도 모르는 나를 알고 있다. 애플 워치에 표시되는 자신의 수면 패턴을 보면 자신도 모르는 수면을 분석할 수 있다. 러닝 앱은 자기가 어떤 구간에서 달리기가 어려워지는지 파악할 수 있다. 데이터는 내가 모르는 정답을 알고 있다. 그것을 분석하면 조금 더 나은 자신으로 개선할 수 있다. 데이터를 가까이하면 복잡한 세상도 단순하고 명확하게 해석할 수 있다.

창조 효율,
복잡한 문제를 단순하게 해결하는 데이터의 힘

    우리도 데이터를 활용할 수 있다. 하지만 우리에게 데이터는 복잡하다는 인식이 뿌리 깊이 있다. 복잡한 숫자와 통계 공식을 보면 머리부터 지끈거린다. 물론 데이터를 복잡하게 풀어헤치면 그것은 복잡하다. 복잡한 데이터를 단순하게 만들면 그것은 더 이상 복잡하지 않다. 왜 우리가 데이터를 활용해야 하는지 그 이유는 앞에서도 설명했다. 우리 삶의 복잡한 문제를 해결하고 효율을 높이기 위해서는 데이터를 기반한 사고가 필요하다.

우리 삶을 복잡하게 하는 것은 문제다. 그 문제를 해결하지 않으면 삶은 더 꼬여만 간다. 문제를 복잡하게 해결하는 것이 아니라 적은 노력으로 큰 효과를 보려면 데이터가 필요하다. 하지만, 데이터 전문가도 아닌 평범한 우리가 어떻게 데이터를 활용하여 문제를 해결할 수 있을까?

데이터는 이미 수백 년 전부터 문제 해결을 위한 도구로 쓰였다. 슈퍼컴퓨터가 없어도, 복잡한 통계 공식을 몰라도 데이터를 활용할 수 있다는 뜻이다. 19세기말 나이팅게일은 데이터를 활용하여 사망률을 급격히 낮췄다. 그녀는 크림 전쟁 당시, 전방보다 후방에 더 많은 사망자가 발생한다는 사실을 깨달았다. 나이팅게일은 그 이유를 알기 위해서 환자들의 입·퇴원 기록과 사망자 수, 병원의 청결 상태까지 기록했다. 그 결과, 환자의 사망이 전방보다 후방이 더 높은 이유는 열악한 병원의 위생 상태라는 결과를 내렸다. 그녀는 그 통계 결과를 장미처럼 생긴 로즈 다이어그램 형태로 시각화했다. 그것을 본 빅토리아 여왕은 병원의 위생 상태를 개선하도록 지시했다. 그 이후 후방에서의 사망률은 약 1/10로 낮아졌다.

의학 문제뿐만 아니라 데이터는 우리 일상생활에서도 활용할 수 있다. 미국의 국부, 벤자민 프랭클린은 다이어리의 원조인 프랭클린 플래너를 만든 인물로도 유명하다. 가로 행에는 월요일부터 일요일을 적고 세로 열에는 13가지 덕목을 적어 노트를 만들었다. 그는 매일 자신이 기록한 덕목을 지켰는지 표시했다. 그는 매일 데이터를 쌓으면서 자신을 돌보았다. 그가 기록한 13가지 덕목은 아래와 같다.

	월요일	화요일	수요일	목요일	금요일	토요일	일요일
절제							
침묵							
정리정돈							
결심							
근검							
근면							
성실							
정의							
중용							
청결							

평정						
순결						
겸손						

우리도 나이팅게일과 벤자민 프랭클린이 했던 것처럼 데이터를 활용하여 복잡한 문제를 간편하게 해결할 수 있다. 그들이 어떻게 데이터에 접근했는지 살펴봐야 한다. 그 접근법은 두 가지로 요약할 수 있다.

첫 번째는 확실한 문제 정의다. 문제 정의를 하지 않는 상태에서 모으는 데이터는 큰 의미가 없다. 어떤 문제를 해결하기 위해서 이 데이터가 필요한지 확실히 정의해야 한다. 그래야만 어떤 데이터가 필요하고 얼마나 필요한지 데이터 수집 계획을 세울 수 있다. 나이팅게일은 후방 병사가 왜 더 많이 사망하는지 알기 위한 목적에 맞게 데이터를 수집했다. 그 때문에 그녀는 더 효율적인 통계 집계가 가능했다. 만약 뾰족한 목적 없이 무작정 데이터를 수집했다면 그렇게 효과적인 결과를 만들지 못했을 것이다.

두 번째는 작은 데이터에서부터 시작이다. 빅데이터라는 개념이 생기면서 통계는 엄청난 데이터량을 기반해야 하는 것으로 많은 사람은 생각한다. 하지만 빅데이터는 우리 같은 일반적인 사람이 접근할 수 있는 범위가 아니다. 마이크로소프트 검색 엔진 전문가인 김진영 박사의 말에 따르면 일반인이 빅데이터를 배우지 않아도 될 이유를 두 가지로 꼽았다. 먼저 빅데이터는 비싸고 느리다. 데이터의 규모가 커지면 그것을 처리하기 위한 비용도 커지고 속도는 느려진다. 또 다른 이유는 빅데이터는 복잡하고 어렵다는 것이다. 빅데이터는 수집 과정에서 다양한 출처와 속성을 가진 복합체다. 이런 다양한 변수의 데이터에 단일한 통계 기법을 적용하면 오류를 도출할 가능성이 크다. 따라서 빅데이터보다는 작은 데이터에서 시작하고 필요하면 추가적인 데이터를 수집하는 것이 더 효율적이다.[67]

어떻게 데이터에 접근하는지 방법을 알았다면 그 데이터를 통해서 어떻게 문제를 해결하는지도 알아야 한다. 즉, 데이터를 분석하고 적용하는 방법을 파악해야 한다.

전 세계적인 숙박 앱인 에어비앤비는 탁월한 데이터 분석과 실험으로 문제를 해결하고 성장했다. 에어비앤비가 성장세를 달리던 2010년에 뉴욕 숙소 예약률이 매우 낮다는 데이터를 발견했다. 그들은 그 이유를 파악하기 위해서 뉴욕의 숙박 주인들과 인터뷰를 한 결과 그들이 숙소 광고에 사용한 사진의 퀄리티가 매우 낮다는 사실을 알았다. 그리고 그들은 가설을 세웠다. 혹시 '뉴욕 숙소 예약률이 낮은 이유는 사진의 퀄리티가 낮아서 아닐까?'라고 말이다. 그래서 그들은 자신의 가설을 실험하기 위해서 전문 사진가를 고용하여 뉴욕의 숙소 광고 사진을 고품질로 교체했다. 그 결과 뉴욕 숙소의 매출은 두 배로 껑충 뛰었다.

에어비앤비가 데이터를 활용한 방법은 매우 간단했다. 그들은 일종의 A/B 테스트를 진행했다. 저품질 사진을 활용한 숙소 광고와 고품질 사진을 활용했을 때 발생하는 차이를 통해서 저조한 뉴욕 숙소 예약률의 원인이 사진인지 확인하는 것이었다. A/B 테스트를 통해서 저품질 사진 광고와 고품질 사진 광고 사이에 확실한 차이가 있다면 사진이 문제의 원인이라는 것을 알 수 있다.

에어비앤비처럼 A/B 테스트를 하기 위해서는 5가지 단계가 있다. 첫 번째는 현황 조사다. 현재까지의 데이터를 통해서 어떤 문제가 있는지 파악하는 단계다. 에어비앤비는 예약률 데이터를 통해 뉴욕 숙소의 예약률이 낮았다는 사실을 발견하고 뉴욕 숙소 주인을 만나 조사했다.

두 번째는 가설 설정이다. 에어비앤비는 조사 결과, 사진 퀄리티를 문제의 원인이라고 가설 설정했다.

세 번째는 실험군 설정이다. 사진 퀄리티의 문제가 정말 맞는지 확인하려면 원본은 고품질 사진, 실험군은 저품질 사진으로 광고를 해서 비교 실험을 해야 한다.

네 번째는 테스트다. 저품질 사진 광고 vs 고품질 사진 광고로 테스트해야 한다. 이때 중요한 점은 다른 요소는 모두 동일하나 테스트 요소인 사진만 달라야 한다. 만약 다른 요소도 다르면 예약률 상승의 요인을 파악하기 어렵다. 확실한 변수 통제를 해야 문제 원인이 무엇인지 알 수 있다.

다섯 번째는 결과 분석이다. 저품질 사진과 고품질 사진 숙소 광고 데이터를 비교해 보고 정말 가설이 맞는지 분석해야 한다. 가설이 맞다면 고품질 사진을 쓸 수 있게 광고 방향을 전폭 수정해야 한다. 에어비앤비는 데이터 결과를 통해 그 가설이 맞다는 사실을 확인하였으므로 숙박 주인에게 무료로 전문 사진사를 제공하는 프로그램을 시행했다. 만약 그 가설이 틀렸다면 어떻게 했을까? 답은 간단하다. 다시 다른 가설을 설정하고 위 단계를 반복해서 원인을 찾으면 된다.

데이터는 에어비앤비 같은 비즈니스에서만 활용되지 않는다. 우리 삶을 개선하기 위해서도 데이터를 활용할 수 있다. 미국의 마크 드랭숄트(Mark Drangshot)는 중년에 접어들자 높은 콜레스테롤 수치와 불규칙한 심장 박동 문제를 겪었다. 그는 자신의 건강을 개선하기 위해서 매일 몸무게와 체지방을 측정하고 한 번에 한 가지씩 식습관을 개선했다. 또한 심장 발작이 올 때마다 그 직전에 자신이 어떤 일을 했고 무엇을 먹었고 강도는 어떠했는지를 기록했다. 그 결과, 격렬한 운동이나 카페인 섭취가 심장 발작과 관계 깊다는 사실을 깨달았다. 그는 이러한 데이터를 담당 주치의와 공유하면서 큰 수술을 하지 않고 간단한 절제술로 증상을 개선했다.

우리는 수십 년을 살면서 내가 누구인지 부모님도, 나조차도 모른다. 우리는 바다와 산속에서 나는 누구일까 사색에 빠진다. 하지만 자기가 누구인지 삭막하지만 확실히 아는 방법이 있다. 유전자 염기 서열 분석이다. 또 웨어러블 생체 측정 기기로 자신의 건강 상태를 알 수 있으며 SNS에 자신이 '좋아요'를 누른 광고와 콘텐츠를 통한 알고리즘은 자신이 무엇을 좋아하고 어떤 사람인지 데이터로 증명한다. 나는 물론 데이터 만능 주의자는 아니다. 꼭 이 방법만이 자신을 파악하는 길은 아닐 것이다. 하지만, 데이터는 삶의 문제와 해답을 푸는 데 충분한 도구가 될 수 있다. 그것을 잘 활용한다면 복잡함을 단순하게 만들 수 있는 고수의 기술이 될 수 있다.

Epilogue

사랑이 사라진 이유

이 시대에 사랑이 사라진 이유는 두 가지다. 그건 지나친 자기
애와 자기혐오다. '나 정도면', '나 까짓 게'라는 양극단의 성향이 점
점 팽배해지면서 타인을 향한 사랑은 점차 사라진다. 나를 너무 사
랑하기 때문에 타인을 사랑하지 않고 자기를 너무 혐오하기 때문
에 타인을 사랑할 수 없다. 이 두 가지는 모두 '자기'라는 개인으로

수렴한다.

실제 본인보다 스스로를 너무 과대평가 하거나 과소평가한다. 순수하게 누군가를 좋아한다는 감정도 좋아하는 게 합당한 것인지 이성적인 필터링을 거치는 프로세스가 과거보다 정교화되어 이제 사랑하고 사랑받는 것 자체가 최고의 스펙이 되어 버린 것이다.

연애를 하고 결혼을 하면서 '나는 누군가에게 사랑을 받을 만큼 매력이 있고 나도 누군가에게 사랑을 줄 수 있을 정도로 여유가 있다'는 사실이 많은 힘이 되었다. 사회에서 누군가에게 미움을 받고 능력을 지적받아도 이 사실을 떠올리면 힘든 순간을 이겨낼 수 있었다.

나에게 사랑의 힘이라는 건 단지 누구를 애정하고 누군가로부터 사랑을 받으면서 생기는 긍정적 호르몬의 변화가 아니다. 앞에서 내가 이야기한 일종의 믿음 같은 것이다. 그건 바로 '나도 괜찮은 사람이다'라는 믿음이다. 지금 내 옆에 있는 와이프라는 존재 자체가 그것을 증명하는 것이다.

그래서 와이프를 사랑하는 것이 와이프만을 위한 것이 아니라, 괜찮은 사람이 되고 싶은 나의 바람이 와이프를 통해서 나타나는 것일 수도 있다. 내 삶의 믿음이라는 토대가 여기서부터 출발하기 때문이다. 그걸 단단히 다지기 위해서는 와이프를 사랑하는 것이 나를 단단하게 하는 것이나 다름없다.

당신 삶의 토대는 무엇인가? 그 단단한 기반이 있다면 당신은 그 어디서든 일어설 수 있다. 사랑은 복잡하지만 한편으로 가장 단순한 방법이다. 혹시 당신에게 없다면 꼭 사랑을 찾았으면 좋겠다.

감사의 글

책 출판 과정이 길어지면서 그사이에 사랑스러운 딸, 이나가 태어났다. <카피의 기술> 이라는 첫 책을 쓸 때 만 해도 와이프와 나, 단둘만의 단출한 가족이었지만 <단순해지는 연습>을 출간하는 시기에 아이러니하게도 나, 와이프 그리고 딸까지 세 식구로 늘어났다.

이제 예전과 같은 고요한 자유는 없고 늘 하루하루가 이나의 울음과 웃음으로 가득하지만 그 속에서 오히려 지금까지 겪어보지 못한 단정한 안정을 느낀다. 이런 감정을 처음 느끼게 해준 와이프와 건강하게 태어나 늘 우리를 웃음 짓게 하는 이나에게도 고마운 마음을 전한다. 무뚝뚝한 사위지만 늘 친아들처럼 따뜻한 눈으로 응원하고 격려해 주시는 아버님과 어머님 그리고 혹여나 우리 가족에게 무슨 일이 있는 건 아닌지 늘 노심초사하며 걱정하고 도움을 주시는 나의 어머니와 아버지에게도 감사의 말을 전한다.

그리고 이 책의 초고를 보고 출판까지 결심하고 신경 써주신 모모북스 박종천 대표님에게도 감사하다는 말을 전하고 싶다.

참고 문헌

<딥심플리시티>, 존 그리빈 저, 한승

<경부고속도로 사회경제적 효과 연구>, 이승배/박고은/강형택

<가짜노동>, 데니스 뇌르마르크,아네스 포그 옌센 저, 자음과 모음
2022년

<피로사회>, 한병철 저, 문학과 지성사 2012년

<몰입의 즐거움>, 미하이 칙센트미하이 저, 해냄 2007년

<겨울일기>, 폴오스터 저, 열린책들 2014년

<괜찮아지는 심리학>, 팀 보노 저, 알에이치코리아 2019년

<문학이란 무엇인가>, 유종호 저, 민음사 1998년

<지적사기>, 앨런소칼 저, 한국경제신문사, 2014년

<불안의 철학>, 기시미 이치로 저, 타인의 사유, 2022년

<보통의 언어들>, 김이나 저, 위즈덤하우스, 2020년

<소유냐 존재냐>, 에리히 프롬 저, 까치, 1996년

<감정 어휘>, 유선경 저, 앤의서재, 2022년

<강신주의 감정수업>, 강신주 저, 민음사, 2013년

\<도파민네이션\>, 애나 렘키 저, 흐름출판, 2022년

\<홀로 사는 즐거움\>, 법정 저, 샘터, 2004년

\<추의 미학\>, 카를 로젠크란츠 저, 나남, 2008년

\<생각의 탄생\>, 로버트 루트번스타인, 미셸 루스번스타인 저, 에코의 서재, 2007년

\<생각의 시대\>, 김용규 저, 살림, 2014년

\<정리하는 뇌\>, 대니얼 J 레비턴 저, 와이즈베리, 2015년

\<신경끄기의 기술\>, 마크 맨슨 저, 갤리온, 2017년

\<무라카미 하루키 수필집1\>, 무라카미 하루키 저, 백암, 2002년

\<사피엔스\>, 유발 하라리 저, 김영사, 2017년

\<인터페이스 연대기\>, 박해천 저, 디자인플럭스, 2009년

\<엔트로피\>, 제러미 러프킨 저, 세종연구원, 2015년

\<보건복지부 보도 참고자료\>2022년 자살률(인구 10만 명당 명) 25.2명,전년 대비 0.8명(3.2%) 감소

\<형태의 기원\>, 크리스토퍼 윌리엄스 저, 이데아, 2023년

\<아웃퍼포머\>, 모트 한센 저, 김영사, 2019년

\<프레임\>, 최인철 저, 21세기북스, 2016년

<무라카미 하루키 잡문집>, 무라카미 하루키 저, 비채, 2011년

<달의 궁전>, 폴 오스터 저, 열린책들, 2008년

<모래의 책>, 보르헤 루이스 보르헤스 저, 예문, 1995년

<보다 읽다 말하다>, 김영하 저, 복복서가, 2021년

<집중의 힘>, 아오토 미즈토 저, 북스힐, 2023년

<단순한 열망>, 카일 차이카 저, 필로우, 2023년

<시간과 공간의 문화사>, 스티븐 컨 저, 휴머니스트, 2006년

<어니스트 헤밍웨이 소설에 나타난 문체의 변화 연구>, 이석희, 한국 교원대학교 대학원, 2015년

<직업으로서의 소설가>, 무라카미 하루키, 현대문학, 2016년

<데이터는 어떻게 인생의 무기가 되는가>, 세스 스티븐스 다비도위츠 저, 더퀘스트, 2022년<헬로 데이터 과학>, 김진영 저, 한빛미디어, 2016년

<카피의 기술>, 임태환 저, 아틀라스북스, 2022년

참고 링크

-유튜브 침착맨 <PD 나영석 초대석>

https://www.youtube.com/watch?v=3mu6aVhnOkY&t=2468s&p

p=ygUT64KY7JiB7ISdIOy0iOu MgOyEnQ%3D%3D

-일간스포츠, 또 떠졌다! 쌍천만 범죄도시 흥행 비결

https://isplus.com/article/view/isp202306170027

-2004년 '파리 리뷰' 인터뷰

https://finding-haruki.com/672

-BBC 뉴스 코리아, 스타의 죽음으로 다시 조명 받는 K팝의 혹독한 이면

https://www.bbc.com/korean/news-65345548

-(Rare!) Helen Keller & Anne Sullivan (1930 Newsreel Footage)

https://www.youtube.com/watch?v=GvluLfF35Uw

-유튜브, Lars Ulrich Fails at Guitar Hero Drums

https://www.youtube.com/watch?v=LnnEPD6pg7A

-LARS ULRICH Explains How He Stopped Feeling Compelled To

Show Drumming Ability And Focused On Groove

https://blabbermouth.net/news/lars-ulrich-explains-how-he-stopped-feeling-compelled-to-sh ow-drumming-ability-and-focused-on-groove

-네이버웹툰, 충충의 하루 / 26화 이사

https://comic.naver.com/bestChallenge/detail?titleId=689516&no=26

-유튜브, 노엘 갤러거 "내 음악은 항상 긍정적이다"

https://www.youtube.com/watch?v=DgZmtXqmzAk

-머니투데이, [한겨울, 황량한 묘지에서 만난 정주영]

https://news.mt.co.kr/mtview.php?no=2015110317030832153

-넷플릭스 오리지널 <오늘의 게스트, 알만한 사람은 다 아는: 데이비트 레터먼 쇼> 빌리 아일리쉬 편

-유튜브 채널 원더월 / 김희원 연기 클래스

https://www.youtube.com/watch?v=521AisgxPc8

각주

1) 딥 심플리시티, 존 그리빈 P. 191

2) 딥 심플리시티, 존 그리빈 P. 192~193

3) 딥 심플리시티, 존 그리빈 P. 193

4) 경부고속도로 사회경제적 효과 연구, 이승배/박고은/강형택,
P. 137

5) 유튜브 침착맨 <PD 나영석 초대석>

6) 유튜브 침착맨 <PD 나영석 초대석>

7) 가짜노동, 데니스 뇌르마르크, 아네스 포그 옌센 / P. 110~111

8) 피로사회, 한병철 / P. 29

9) 피로사회, 한병철 / P. 3

10) 몰입의 즐거움, 미하이 칙센트미하이, P. 80

11) 피로사회, 한병철 / P. 25

12) 겨울일기, 폴오스터 / P. 241

13) 괜찮아지는 심리학, 팀 보노 / P. 158

14) 문학이란 무엇인가?, 유종호 / P. 158

15) 일간스포츠, 또 떠졌다! 쌍천만 범죄도시 흥행 비결

https://isplus.com/article/view/isp202306170027

16) 지적사기, 앨런소칼 / 추천사

17) 불안의 철학, 기시미 이치로 / P. 32

18) 2004년 '파리 리뷰' 인터뷰, https://finding-haruki.com/672

19) 2004년 '파리 리뷰' 인터뷰, https://finding-haruki.com/672

20) BBC 뉴스 코리아, 스타의 죽음으로 다시 조명 받는 K팝의 혹독

한 이면 https://www.bbc.com/korean/news-65345548

21) 보통의 언어들, 김이나 / P. 172

22) 소유냐 존재냐, 에리히 프롬 / P. 143

23) 감정 어휘, 유선경 / P. 5

24) 감정 어휘, 유선경 / P. 105

25) 강신주의 감정수업, P. 19~20, 민음사, 강신주

26) 홀로 사는 즐거움, 법정 스님 / P. 22

27) 추의 미학, 카를 로젠크란츠 / P. 98

28) 추의 미학, 카를 로젠크란츠 / P. 46

29) 유튜브 (Rare!) Helen Keller & Anne Sullivan (1930 Newsre

el Footage) https://www.youtube.com/watch?v=Gv1uLfF35Uw

30) 생각의 탄생, 로버트 루트번스타인, 미셸 루트번스타인 / P. 196

31) 생각의 시대, 김용규 / P. 104

32) 정리하는 뇌, 대니얼 J 레비틴 / P. 57

33) 정리하는 뇌, 대니얼 J 레비틴 / P. 58

34) 정리하는 뇌, 대니얼 J 레비틴 / P. 72

35) 신경끄기의 기술, 마크 맨슨 / P. 28~29

36) 유튜브, Lars Ulrich Fails at Guitar Hero Drums https://
www.youtube.com/watch?v=LnnEPD6pg7A

37) https://blabbermouth.net/news/lars-ulrich-explains-
howhe-stopped-feeling-compelled-to-show-drumming-ability-
andfocused-on-groove

38) 네이버웹툰, 충충의 하루 / 26화 이사 https://comic.naver.
com/bestChallenge/detail?titleId=689516&no=26

39) 무라카미 하루키 수필집1, 무라카미 하루키 / P. 101

40) 유튜브, 노엘 갤러거 "내 음악은 항상 긍정적이다"
https://www.youtube.com/watch?v=DgZmtXqmzAk

41) 사피엔스, 유발 하라리 / P. 181

42) 인터페이스 연대기, 박해천 / P. 17

43) 인터페이스 연대기, 박해천 / P. 19

44) 엔트로피, 제레미 러프킨 / P. 49

45) 엔트로피, 제레미 러프킨 / P. 57

46) 엔트로피, 제레미 러프킨 / P. 67

47) 2022년 자살률(인구 10만 명당 명) 25.2명, 전년 대비 0.8

(3.2%)

감소 2022년 보건복지부 보도참고자료

48) 엔트로피, 제레미 러프킨 / P. 81

49) 형태의 기원, 크리스토퍼 윌리엄스 / P. 71

50) 아웃퍼포머, 모트 한센 / P. 33

51) 프레임, 최인철 / p93

52) 머니투데이, [한겨울, 황량한 묘지에서 만난 정주영] https://

news.mt.co.kr/mtview.php?no=2015110317030832153

53) 무라카미 하루키 잡문집, 무라카미 하루키 / P. 22~23

54) 넷플릭스 오리지널 <오늘의 게스트, 알만한 사람은 다 아는:

데이비트 레터면 쇼> 빌리 아일리쉬 편

55) 유튜브 채널 원더월 / 김희원 연기 클래스 https://www.
youtube.com/watch?v=521AisgxPc8

56) 달의 궁전, 폴오스터 / P. 40

57) 달의 궁전, 폴오스터 / P. 36

58) 보다 읽다 말하다, 김영하 / P. 472

59) 집중의 힘, 아오토 미즈토 / P. 43

60) 단순한 열망, 카일 차이카 / P. 80

61) 시간과 공간의 문화사, 스티븐 컨 / P. 289~290

62) 직업으로서의 소설가, 무라카미 하루키 / P. 49

63) 직업으로서의 소설가, 무라카미 하루키 / P. 50

64) 데이터는 어떻게 인생의 무기가 되는가, 세스 스티븐스 다비도
위츠 / P. 187

65) 데이터는 어떻게 인생의 무기가 되는가, 세스 스티븐스 다비도
위츠 / P. 191~192

66) 데이터는 어떻게 인생의 무기가 되는가, 세스 스티븐스 다비도
위츠 / P. 230-234

67) 헬로 데이터 과학, 김진영 / P. 46